O carte de bucate cu chiftele de legume irezistibile

100 de chiftele pe bază de plante hrănitoare și aromate pentru fiecare gust

Laurențiu Nițu

Drepturi de autor Material ©2023

Toate Drepturi Rezervat

Bine parte din aceasta carte Mai fi s-a asezat armăsar transmise în orice forme armăsar ar orice mijloace fără cel curat scris consimțământul _ _ editor și drepturi de autor proprietar cu exceptia pentru scurt citate s-a asezat în și revizuire. Acest carte ar trebui să note fi considerată și substitui pentru medical legal armăsar alte profesionist _ _ sfat.

CUPRINS _

CUPRINS _..3
INTRODUCERE..7
Chiftelute de legume...9
1. Chiftele de sfeclă roșie.....................................10
2. Chiftele vegetale de linte verde......................13
3. Copycat Ikea Veggie Balls................................15
4. Chiftele cu ierburi de Quinoa..........................17
5. Chiftele de fasole neagră.................................19
6. Chiftele de ovăz și legume..............................21
7. Chiftele de fasole albă și nucă........................23
8. Chiftele de fasole garbanzo și morcovi.........25
9. Chiftelute de linte și bulgur la grătar............27
10. Chiftele Tofu cu ciuperci................................29
11. Chiftelute de linte, mazăre și morcov..........31
12. Chiftelute cu ciuperci și legume...................33
13. Chiftele Tex-Mex Veggie................................35
14. Chiftele de fasole la gratar............................38
15. Ovăz cu ceapă Chiftele...................................40
16. Chiftele cu ciuperci sălbatice........................42
17. Chiftele Veggie Tahini Tofu............................44
18. de fasole neagră și arahide...........................46
19. Chiftele vegane cu bacon...............................48
20. Chiftele de ovăz de orz...................................50
21. Chiftele Tempeh și Nucă................................52
22. Chiftele amestecate de fasole și ovăz..........54
23. Tempeh și Nucă...56
24. Macadamia-Ca rrot Chiftele..........................58
25. Chiftelute de năut cu curry...........................60
26. Chiftele de fasole pinto cu maia...................62
27. Chiftele de linte, ciuperci și orez..................65
28. Chiftele Shiitake și Ovăz................................67
29. Chiftele de ovăz și mozzarella vegane........69

30. Chiftelute cu nucă și legume..................................71
31. Chiftelute cu legume marocane de igname....................73
32. Chiftele de linte, fistic și shiitake......................76
33. Chiftele vegane bogate în proteine.........................79
34. Biluțe de tofu...82
35. Chifteluță de conopidă, fasole și spanac cu...............84
36. Chiftele vegane la cuptor..................................86
37. Chiftelute de parmezan cu ciuperci și caju................88
38. Chiftele Cremini & Linte...................................90
39. Chiftelute cu lamaie oregano...............................92
40. Cu Chiftelute cu Naut Riracha..............................94
41. Chiftele vegane cu ciuperci................................96
42. Spaghete cu legume și chiftele.............................99
43. Chiftele Tempeh și ceapă..................................101
44. Chiftele de linte si ciuperci.............................104
45. Chiftele de cartofi dulci și fasole neagră................106
46. Chiftelute de conopidă și năut............................108
47. Chiftele de dovlecel și quinoa............................110
48. Chiftele cu spanac și feta................................112
49. Chiftelute cu broccoli și cheddar.........................114
50. Chiftele de morcov și năut................................116
51. Chiftelute cu ciuperci și nuci............................118
52. Chiftele de sfeclă și quinoa..............................120
53. Chiftelute cu quinoa și porumb............................122
54. Chiftelute de vinete și năut..............................124
55. Chiftele de cartofi și mazăre.............................126
56. Chiftele de porumb și ardei roșu..........................128
57. Dovleac și Chiftelute de salvie...........................130
58. Chiftelute de varză și fasole albă........................132
59. Chiftele cu quinoa si spanac..............................134
60. Chiftelute de conopidă și quinoa..........................136
61. Chiftelute de năut și spanac..............................138
62. Chiftele de cartofi dulci și năut.........................140
63. Chiftele cu ciuperci și linte.............................142
64. Chiftele de morcov și dovlecel............................144

65. Chiftelc cu quinoa si ciuperci..................146
66. Chiftele de fasole neagră și porumb..................148
67. Chifteluțe cu broccoli și brânză cheddar..................150
68. Chifteluțe de conopidă și brânză..................152
69. Chifteluțe cu ciuperci și nuci cu rozmarin..................154
CHITELURI DE LEGUME..................156
70. Burgeri de sfeclă roșie cu rucola..................157
71. Chirintele pecan-linte..................160
72. Burgeri de fasole neagră..................162
73. Paste de ovăz și legume..................164
74. Chirintele cu fasole albă și nucă..................166
75. burgeri de fasole Garbanzo..................168
76. Bulgur Chicvetă de linte..................170
77. Chirtărită de tofu cu ciuperci..................172
78. Chiftă de linte, mazăre și morcovi..................174
79. Chirtărițe rapide de legume..................176
80. Pastel de legume Tex-Mex..................178
81. Chirtărițe de fasole cu legume..................181
82. Ovăz cu ceapă chiftele..................183
83. Pastă cu ciuperci sălbatice..................185
84. Chirtărițe de legume cu tofu Tahini..................187
85. Grătar cu fasole neagră și arahide..................189
86. Chirtărițe de orz, ovăz și țelină..................191
87. Tempeh și chifteluțe cu ceapă..................193
88. Chirintele amestecate de fasole și ovăz..................195
89. Tempeh și chifteluțe cu nucă..................197
90. Paste de Macadamia-Caju..................199
91. Burgeri de naut auriu..................201
92. Chirtoase cu naut cu curry..................203
93. Chirintele de fasole Pinto cu Mayo..................205
94. burger de orez de linte cu..................208
95. Shiitake și Oats Patty..................210
96. ovaz , Într- o chiflă de ou și mozzarella..................212
97. chifteluțe cu nuci și legume..................214
98. Burgeri marocani cu Yam Veggie..................216

99. Burger de linte, fistic și shiitake..................................219
100. Burgeri vegani cu conținut ridicat de proteine..........222
CONCLUZIE..225

INTRODUCERE

Bun venit în lumea chiftelelor de legume! În această carte de bucate, vă invităm să explorați posibilitățile delicioase și sănătoase ale chiftelelor pe bază de plante. Chiftele de legume oferă o modalitate creativă și satisfăcătoare de a vă bucura de aromele și texturile legumelor, oferind în același timp o alternativă hrănitoare la chiftelele tradiționale. Această carte de bucate este ghidul tău pentru a stăpâni arta chiftelelor cu legume și a crea mâncăruri hrănitoare și aromate, care vor mulțumi atât veganii, cât și iubitorii de carne deopotrivă.

Chiftele de legume sunt o dovadă a versatilității și abundenței ingredientelor pe bază de plante. De la linte și năut până la ciuperci și quinoa, posibilitățile de a crea alternative delicioase de chiftele sunt nesfârșite. În această carte de bucate, sărbătorim bogăția și varietatea chiftelelor de legume, prezentându-vă o colecție de rețete care combină diferite legume, cereale și condimente pentru a crea mușcături delicioase, care sunt atât satisfăcătoare, cât și hrănitoare.

În aceste pagini, veți descoperi o comoară de rețete care prezintă creativitatea și aromele chiftelelor de legume. De la chiftele clasice în stil italian, cu o notă de plante, până la creații de inspirație globală care încorporează o varietate de ierburi și condimente, am creat o colecție care vă va duce papilele gustative într-o călătorie plină de arome. Fiecare rețetă este concepută pentru a vă oferi o combinație echilibrată de arome, texturi și nutrienți, asigurând o experiență culinară satisfăcătoare și plăcută.

Dar această carte de bucate este mai mult decât o simplă compilație de rețete de chiftele cu legume. Vă vom ghida prin arta de a crea texturi și arome asemănătoare chiftelelor folosind ingrediente pe bază de plante, vă vom oferi sfaturi despre agenți de legare și condimente și vă vom împărtăși tehnici pentru obținerea texturii și consistenței perfecte. Indiferent dacă sunteți un bucătar experimentat pe bază de plante sau nou în lumea chiftelelor cu legume, scopul nostru este să vă dăm puterea să creați mâncăruri delicioase și sănătoase care vă vor încânta papilele gustative și vă vor hrăni corpul.

Așadar, fie că sunteți în căutarea unei alternative mai sănătoase la chiftelele tradiționale, fie că explorați alimentația pe bază de plante sau pur și simplu doriți să încorporați mai multe legume în dieta dvs., lăsați „De la grădină la farfurie: Cartea de bucate pentru chiftele cu legume" să vă fie ghidul. Pregătește-te să savurezi creativitatea și aromele chiftelelor de legume și pornește într-o călătorie aromată care celebrează abundența și versatilitatea ingredientelor pe bază de plante.

Chiftelute de legume

1. Chiftele de sfeclă roșie

INGREDIENTE:
- Cutie de 15 uncii de fasole roșie deschisă
- 2 ½ linguri ulei de măsline extravirgin
- 2 ½ *uncii* ciuperci Cremini
- 1 ceapa rosie
- ½ cană de orez brun fiert
- ¾ cană sfeclă crudă
- 1/3 cană semințe de cânepă
- 1 lingurita piper negru macinat
- ½ linguriță sare de mare
- ½ linguriță de semințe de coriandru măcinate
- 1 înlocuitor de ouă vegan

INSTRUCȚIUNI:
- Preîncălziți cuptorul la 375°F. Se zdrobește bine fasolea într-un bol de amestecare și se pune deoparte.
- Încinge uleiul într-o tigaie antiaderentă la foc mediu.
- Se adauga ciupercile si ceapa si se calesc pana se inmoaie, aproximativ 8 minute.
- Transferați amestecul de legume în bolul de amestecare cu fasole.
- Se amestecă orezul, sfecla, semințele de cânepă, piperul, sarea și coriandru până se combină.
- Adăugați înlocuitorul de ouă vegan și amestecați până se omogenizează bine.
- Formați amestecul în patru bile și puneți-le pe o foaie de copt nealbită tapetată cu hârtie de copt.
- Ungeți ușor partea de sus a chiftelelor cu ½ lingură de ulei folosind vârful degetelor.

- Coaceți timp de 1 oră. Întoarceți foarte ușor fiecare chifteluță și coaceți până când devine crocantă, fermă și rumenită, încă aproximativ 20 de minute.

2. Chiftele vegetale de linte verde

INGREDIENTE:
- 1 ceapa galbena tocata marunt
- 1 morcov mare decojit și tăiat cubulețe
- 4 catei de usturoi tocati
- 2 căni de linte verde fiartă
- 2 linguri pasta de rosii
- 1 lingurita de oregano
- 1 lingurita busuioc uscat
- $\frac{1}{4}$ cană drojdie nutritivă
- 1 lingurita sare de mare
- 1 cană semințe de dovleac

INSTRUCȚIUNI:
- Într-un robot de bucătărie, combinați toate ingredientele.
- Pulsați pentru a combina, lăsând puțină textură.
- Modelați lintea în 4 chiftele.

3. Copycat Ikea Veggie Balls

INGREDIENTE:

- 1 conserve Naut, la conserva
- 1 cană spanac congelat
- 3 morcovi
- ½ ardei gras
- ½ cană porumb dulce conservat
- 1 cană mazăre verde
- 1 ceapă
- 3 catei de usturoi
- 1 cană făină de ovăz
- 1 lingura ulei de masline
- Asezonare

INSTRUCȚIUNI:

- Adăugați toate legumele într-un robot de bucătărie și amestecați până când sunt tocate mărunt.
- Acum adăugați spanacul congelat, dar dezghețat sau proaspăt, salvie uscată și pătrunjelul uscat.
- Adăugați conservele de năut & Pulse până se omogenizează.
- Se amestecă și se fierbe timp de 1-2 minute.
- Faceți bile de legume, scoateți o minge și formați-o cu mâinile.
- Pune bilele pe hârtie de copt sau pe o tavă de copt.
- Coaceți-le timp de 20 de minute până au o crustă crocantă.

4.Chiftele cu ierburi de Quinoa

INGREDIENTE:
- 2 cani de quinoa fiarta
- ¼ cană parmezan vegan, ras
- ¼ cană brânză vegană asiago, rasă
- ¼ cană busuioc proaspăt, tocat
- 2 linguri coriandru proaspăt, tocat
- 1 lingurita oregano proaspat, tocat
- ½ linguriță de cimbru proaspăt
- 3 catei mici de usturoi, tocati fin
- 1 ou mare
- 2 vârfuri mari de sare cușer
- ½ lingurita piper negru
- ¼ cană pesmet italian condimentat
- 1 praf până la ¼ linguriță fulgi de ardei roșu mărunțiți

INSTRUCȚIUNI:
- Se amestecă toate ingredientele într-un bol mare.
- Se toarnă puțin ulei de măsline în tigaia preîncălzită.
- Formați o chifteluță puțin mai mică decât o minge de golf și puneți-o în tigaie.
- Coaceți într-o tigaie sau o foaie de copt cu margine și coaceți în cuptorul preîncălzit timp de 25 de minute.

5. Chiftele de fasole neagră

INGREDIENTE:
- 3 linguri ulei de masline
- ½ cană ceapă tocată
- 1 cățel de usturoi, tocat
- 1½ cani de fasole neagra
- 1 lingura patrunjel proaspat tocat
- ½ cană de panko uscat neasezonat
- ¼ cană făină de gluten de grâu
- 1 lingurita boia afumata
- ½ linguriță de cimbru uscat
- Sare și piper negru proaspăt măcinat

INSTRUCȚIUNI:
- Într-o tigaie se încălzește 1 lingură de ulei și se încălzește câteva minute.
- Adăugați ceapa și usturoiul și gătiți până se înmoaie, aproximativ 5 minute.
- Transferați amestecul de ceapă într-un robot de bucătărie.
- Adăugați fasolea, pătrunjelul, panko , făina, boia de ardei, cimbru și sare și piper după gust.
- Procesați până se combină bine, lăsând puțină textură.
- Se modelează amestecul în 4 chifteluțe egale și se dă la frigider pentru 20 de minute.
- Într-o tigaie, încălziți restul de 2 linguri de ulei la foc moderat.
- Adăugați chiftelele și gătiți până se rumenesc pe ambele părți, întorcându-le o dată, aproximativ 5 minute pe fiecare parte.

6.Chiftele de ovăz și legume

INGREDIENTE:
- 2 linguri plus 1 lingurita ulei de masline
- 1 ceapa, tocata
- 1 morcov, ras
- 1 cană amestec de nuci nesărate
- ¼ cană făină de gluten de grâu
- ½ cană de ovăz de modă veche, plus mai mult dacă este necesar
- 2 linguri de unt de arahide cremos
- 2 linguri patrunjel proaspat tocat
- ½ lingurita sare
- ¼ de lingurita piper negru proaspat macinat

INSTRUCȚIUNI:
- Într-o tigaie, încălziți 1 linguriță de ulei la foc moderat.
- Adăugați ceapa și gătiți până se înmoaie, aproximativ 5 minute. Se amestecă morcovul și se pune deoparte.
- Intr-un robot de bucatarie, preseaza nucile pana se toaca.
- Adăugați amestecul de ceapă-morcov împreună cu făina, ovăz, unt de arahide, pătrunjel, sare și piper. Procesați până se omogenizează bine.
- Modelați amestecul în 4 chifteluțe egale.
- Într-o tigaie, încălzește restul de 2 linguri de ulei la foc, adaugă chiftelele și gătește până se rumenesc pe ambele părți, aproximativ 5 minute pe fiecare parte.

7.Chiftele de fasole albă și nucă

INGREDIENTE:

- ¼ cană ceapă tăiată cubulețe
- 1 cățel de usturoi, zdrobit
- 1 cană bucăți de nucă
- 1 cană de fasole albă conservată sau fiartă
- 1 cană făină de gluten de grâu
- 2 linguri patrunjel proaspat tocat
- 1 lingura sos de soia
- 1 linguriță de muștar de Dijon, plus mai mult de servit
- ½ lingurita sare
- ½ linguriță de salvie măcinată
- ½ lingurita boia dulce
- ¼ linguriță de turmeric
- ¼ de lingurita piper negru proaspat macinat
- 2 linguri ulei de masline

INSTRUCȚIUNI:

- Într-un robot de bucătărie, combinați ceapa, usturoiul și nucile și procesați până se măcina fin.
- Gătiți fasolea într-o tigaie la căldură, amestecând, timp de 1 până la 2 minute pentru a se evapora orice umiditate.
- Adăugați fasolea în robotul de bucătărie împreună cu făina, pătrunjelul, sosul de soia, muștarul, sare, salvie, boia de ardei, turmeric și piper.
- Procesați până se omogenizează bine. Modelați amestecul în 4 chiftelute egale.
- Într-o tigaie, încălziți uleiul la foc moderat.
- Adăugați chiftelele și gătiți până se rumenesc pe ambele părți, aproximativ 5 minute pe fiecare parte.

8.Chiftele de fasole garbanzo și morcovi

INGREDIENTE:

- 2 cesti piure de fasole garbanzo
- 1 fiecare tulpină de țelină, tocată mărunt
- 1 morcov fiecare, tocat mărunt
- ¼ ceapă, tocată
- ¼ cană făină integrală
- Sare si piper dupa gust
- 2 lingurite Ulei

INSTRUCȚIUNI:

- Amestecă ingredientele, cu excepția uleiului, într-un bol.
- Formați în 6 chiftele.
- Se prăjesc într-o tigaie unsă cu ulei la foc mediu-înalt până când chiftelele devin aurii pe fiecare parte.

9.Chiftelute de linte și bulgur la grătar

INGREDIENTE:

- 2 căni de linte fiartă
- 1 cană ciuperci Portobello afumate,
- 1 cană de grâu bulgur
- 2 catei de usturoi prajiti,
- 2 linguri ulei de nuci
- $\frac{1}{4}$ linguriță Tarhon, tocat
- Sare si piper dupa gust

INSTRUCȚIUNI:

- Pregătiți un grătar cu lemne sau cărbune și lăsați-l să ardă până la jar.
- Într-un bol de amestecare, pasează lintea până se omogenizează.
- Adăugați toate ingredientele și amestecați până se omogenizează bine.
- Se da la frigider pentru cel putin 2 ore. Se formează chiftele.
- Ungeți chiftelele cu ulei de măsline și grătarul timp de 6 minute pe fiecare parte sau până când sunt gata.

10.Chiftele Tofu cu ciuperci

INGREDIENTE:

- ½ cană de ovăz
- 1¼ cani migdale tocate grosier
- 1 lingură ulei de măsline sau canola
- ½ cană ceapă verde tocată
- 2 lingurite usturoi tocat
- 1½ cani Cremini tocat
- ½ cană basmati maro fiert
- ⅓ cană brânză cheddar vegană
- ⅔ cană tofu ferm piure
- 1 înlocuitor de ouă vegan
- 3 linguri patrunjel tocat
- ½ cană panko uscat

INSTRUCȚIUNI:

- Încinge uleiul într-o tigaie și căliți ceapa, usturoiul și ciupercile până se înmoaie.
- Adaugati ovazul si continuati sa gatiti inca 2 minute, amestecand continuu.
- Combinați amestecul de ceapă cu orezul, brânza vegană, tofu și înlocuitorul de ouă vegan.
- Pătrunjelul, panko și migdalele și amestecați pentru a se combina. Se asezoneaza dupa gust cu sare si piper.
- Se dau forma a 6 chiftele si se calesc sau se prajesc pana devin aurii si crocante la exterior.

1. Chiftelute de linte, mazăre și morcov

INGREDIENTE:
- ½ ceapă tocată
- ½ cană de linte verde gătită
- ⅓ cană mazăre fiartă
- 1 morcov ras
- 1 lingură pătrunjel proaspăt tocat
- 1 lingurita Tamari
- 2 căni de panko
- ¼ cană făină
- 1 înlocuitor de ouă vegan

INSTRUCȚIUNI:
- Se caleste ceapa pana se inmoaie. Se amesteca toate ingredientele cu exceptia faina si se lasa la racit.
- Se formează amestecul în chiftele și se rumenesc într-o tigaie.

12.Chiftelute cu ciuperci si legume

INGREDIENTE:

- 10 uncii Legume, amestecate, congelate
- 1 înlocuitor de ouă vegan
- praf de sare si piper
- ½ ceasca de ciuperci, proaspete, tocate
- ½ cană panko
- 1 ceapă, feliată

INSTRUCȚIUNI:

- Preîncălziți cuptorul la 350 de grade.
- Se fierbe legumele la abur până sunt fragede
- Lăsați deoparte este mișto.
- Tocați fin legumele la abur și amestecați-le cu ou vegan, sare, piper, ciuperci și panko .
- Formați amestecul în chiftele.
- Puneți chiftele, acoperite cu felii de ceapă, pe o tavă de copt unsă ușor cu ulei.
- Coaceți, întorcând o dată, până când se rumenește și devine crocant pe ambele părți, aproximativ 45 de minute.

13.Chiftele Tex-Mex Veggie

INGREDIENTE:
- 15¼ uncii Porumb din sâmburi întregi la conserva
- ½ cană lichid rezervat
- ½ cană făină de porumb
- ½ cană ceapă, tocată mărunt
- ⅓ cană ardei gras roșu, tocat mărunt
- ½ lingurita coaja de lime, rasa
- ¼ cană orez alb fiert
- 3 linguri coriandru proaspăt, tocat
- 4 lingurite de ardei Jalapeno
- ½ linguriță de chimen măcinat
- 4 tortilla de făină, de 9 până la 10 inci

INSTRUCȚIUNI:
- Amestecați ½ cană de boabe de porumb și 1 lingură de făină de porumb într-un procesor până se formează aglomerări umede.
- Adăugați ¾ de cană boabe de porumb și procesați timp de 10 secunde
- Transferați amestecul de porumb într-o cratiță grea antiaderentă.
- Adăugați ½ cană lichid de porumb, ceapă, ardei gras și coajă de lămâie.
- Acoperiți și gătiți la foc foarte mic până când se îngroașă și ferm, amestecând des, timp de 12 minute.
- Amestecați orezul, coriandru, jalapeño, sare și chimen.
- Puneți ¼ din amestec pe fiecare dintre cele 4 bucăți de folie și presă bucățile în chiftele groase de ¾ inch.
- Pregătiți grătarul.

- Pulverizați ambele părți ale chiftel uțelor cu spray antiaderent și puneți la grătar până devin crocante, aproximativ 5 minute pe fiecare parte.
- Prăjiți tortillas până când sunt flexibile, aproximativ 30 de secunde pe parte

14.Chiftele de fasole la gratar

INGREDIENTE:
- 2 uncii de fasole amestecată gătită
- 1 ceapa, tocata marunt
- 1 morcov, ras fin
- 1 lingurita extract vegetal
- 1 lingurita ierburi uscate amestecate
- 1 uncie panko de masă întreagă

INSTRUCȚIUNI:
- Amesteca toate ingredientele intr-un robot de bucatarie sau blender pana aproape de omogenizare.
- Formați 4 chiftele groase și răciți bine.
- Ungeți cu ulei și grătar sau grătar timp de aproximativ 15 minute, întorcându-le o dată sau de două ori.
- Serviți în dips de susan cu gust, salată și cartofi prăjiți.

15.Ovăz cu ceapă Chiftele

INGREDIENTE:

- 4 căni de apă
- ½ cană sos de soia cu conținut scăzut de sare
- ½ cană drojdie nutritivă
- 1 ceapa taiata cubulete
- 1 lingura Oregano
- ½ lingură pudră de usturoi
- 1 lingura busuioc uscat
- 4½ căni de ovăz laminat de modă veche

INSTRUCȚIUNI:

- Aduceți toate ingredientele cu excepția ovăzului la fiert.
- Dați focul la mic și adăugați 4½ căni de ovăz rulat.
- Gatiti aproximativ 5 minute pana se absoarbe apa.
- Umpleți o tavă dreptunghiulară antiaderentă cu amestecul
- Coaceți la 350 F. timp de 25 de minute.
- Apoi tăiați-le în chiftele pătrate de 4" și răsturnați-le.
- Gatiti inca 20 de minute.
- Se serveste ca fel principal, cald sau rece.

16.Chiftele cu ciuperci sălbatice

INGREDIENTE:
- 2 lingurite ulei de masline
- 1 ceapa galbena, tocata fin
- 2 eșalope, curățate și tocate
- $\frac{1}{8}$ linguriță de sare
- 1 cană ciuperci shiitake uscate
- 2 căni Ciuperci Portobello
- 1 pachet de Tofu
- ⅓ cană germeni de grâu prăjiți
- ⅓ cană panko
- 2 linguri sos de soia Lite
- 1 lingurita aroma lichida de fum
- $\frac{1}{2}$ linguriță de usturoi granulat
- $\frac{3}{4}$ cană de ovăz pentru gătit rapid

INSTRUCȚIUNI:
- Căleți ceapa, șota și sare în ulei de măsline timp de aproximativ 5 minute.
- Tulpina ciupercilor shiitake înmuiate și tocați-le cu ciuperci proaspete într-un robot de bucătărie. Adăugați la ceapă.
- Gatiti 10 minute, amestecand din cand in cand pentru a nu se lipi.
- Se amestecă ciupercile cu tofu piure, se adaugă ingredientele rămase și se amestecă bine.
- Udați mâinile pentru a preveni lipirea și formați chiftele.
- Coaceți timp de 25 de minute, întorcându-le o dată după 15 minute.

17.Chiftele Veggie Tahini Tofu

INGREDIENTE:
- 1 kilogram tofu ferm, scurs
- 1½ cani de fulgi de ovaz crud
- ½ cană morcovi rasi
- 1 ceapa tocata tocata
- 1 lingura Tahini, mai mult sau mai putin
- 1 lingura sos de soia

INSTRUCȚIUNI:
- Adăugați un amestec de condimente și ierburi selectate.
- Formați chiftele pe foi de copt.
- Coaceți la 350 pentru 20 de minute, întoarceți-le și coaceți încă 10 minute.

18.de fasole neagră și arahide

INGREDIENTE:
- 1 cană granule TVP
- 1 cană de apă
- 1 lingura sos de soia
- Cutie de 15 uncii de fasole neagră
- ½ cană de făină vitală de gluten de grâu
- ¼ cană sos grătar
- 1 lingura de fum lichid
- ½ lingurita piper negru
- 2 linguri de unt de arahide

INSTRUCȚIUNI:
- Reconstituiți TVP-ul amestecându-l cu apa și sosul de soia într-un vas sigur pentru cuptorul cu microunde, acoperindu-l strâns cu folie de plastic și dându-l la microunde timp de 5 minute.
- Adăugați fasolea, glutenul de grâu, sosul de grătar, fumul lichid, piperul și untul de arahide în TVP reconstituit, odată ce este suficient de rece pentru a fi manipulat.
- Puneți-l împreună cu mâinile până când devine omogen și majoritatea boabelor sunt piureate.
- Formați în 6 chiftele.
- Grătiți pe grătar, periând cu sosul de grătar suplimentar pe măsură ce mergeți, aproximativ 5 minute pe parte.

19.Chiftele vegane cu bacon

INGREDIENTE:
- 1 cană granule TVP
- 2 linguri de sos de friptură
- 1 lingura de fum lichid
- ¼ cana canola sau il
- 1/3 cană unt de arahide
- ½ cană de făină vitală de gluten de grâu
- ½ cană bucăți de bacon vegan
- ¼ cană drojdie nutritivă
- 1 lingura boia
- 1 lingura praf de usturoi
- 1 lingurita piper negru macinat

INSTRUCȚIUNI:
- Reconstituiți TVP amestecând TVP, apa, sosul de friptură și fumul lichid într-un castron sigur pentru cuptorul cu microunde, acoperindu-l strâns cu folie de plastic și dând-o la microunde la putere maximă timp de 5 minute.
- Adăugați uleiul și untul de arahide în amestecul TVP.
- Într-un castron, amestecați glutenul de grâu, bucățile de bacon vegan, drojdia, boia de ardei, pudra de usturoi și piper negru.
- Adăugați amestecul de TVP la amestecul de făină și frământați până se încorporează bine.
- Acoperiți și lăsați să stea 20 de minute.
- Formați 4 până la 6 chiftele și pregătiți după dorință.

20. Chiftele de ovăz de orz

INGREDIENTE:
- 1 cană de fasole conservată
- ¾ cană Bulgur, fiert
- ¾ cană de orz, fiert
- ½ cană fulgi de ovăz rapid, nefierți
- 1½ linguri Sos de soia
- 2 linguri sos gratar
- 1 lingurita busuioc uscat
- ½ cană ceapă, tocată mărunt
- 1 cățel de usturoi, tocat mărunt
- 1 tulpină de țelină, tocată
- 1 lingurita Sare
- Piper dupa gust

INSTRUCȚIUNI:
- Cu o furculiță sau un zdrobitor de cartofi, piureați fasolea puțin.
- Adăugați restul ingredientelor și formați 6 chifteluțe.
- Pulverizati tigaia cu ulei si chiftele rumenite pe ambele parti.

21.Chiftele Tempeh și Nucă

INGREDIENTE:

- 8 uncii de tempeh, tăiat în cuburi de ½ inch
- ¾ cană ceapă tocată
- 2 catei de usturoi, tocati
- ¾ cana nuci tocate
- ½ cană de ovăz de modă veche sau de gătit rapid
- 1 lingura patrunjel proaspat tocat
- ½ linguriță de oregano uscat
- ½ linguriță de cimbru uscat
- ½ lingurita sare
- ¼ de lingurita piper negru proaspat macinat
- 3 linguri ulei de masline

INSTRUCȚIUNI:

- Într-o cratiță cu apă clocotită, gătiți tempeh timp de 30 de minute.
- Se scurge si se da deoparte la racit.
- Într-un robot de bucătărie, combinați ceapa și usturoiul și procesați până se toacă.
- Adăugați tempehul răcit, nucile, ovăzul, pătrunjelul, oregano, cimbru, sare și piper.
- Procesați până se omogenizează bine. Modelați amestecul în 4 chiftelute egale.
- Într-o tigaie, încălziți uleiul la foc moderat.
- Adăugați chiftelele și gătiți bine până se rumenesc pe ambele părți, 7 minute pe fiecare parte.

22. Chiftele amestecate de fasole și ovăz

INGREDIENTE:
- 1 lingura ulei de masline
- 1 ceapa, tocata
- 4 catei de usturoi, tocati
- 1 morcov, tocat
- 1 lingurita chimen macinat
- 1 lingurita pudra de chili
- Piper dupa gust
- 15 *uncii* de fasole pinto, clătită, scursă și pasată
- 15 *uncii* de fasole neagră, clătită, scursă de apă și piure
- 1 lingura ketchup
- 2 linguri muștar de Dijon
- 2 linguri sos de soia
- 1½ cană de ovăz
- ½ cană salsa

INSTRUCȚIUNI:
- Adauga uleiul de masline intr-o tigaie la foc.
- Gatiti ceapa timp de 2 minute, amestecand des.
- Se amestecă usturoiul. Apoi, gătiți timp de 1 minut.
- Adăugați morcovul, chimenul măcinat și pudra de chili.
- Gatiti amestecand timp de 2 minute.
- Transferați amestecul de morcovi într-un bol.
- Se amestecă fasolea piure, ketchup-ul, muștarul, sosul de soia și ovăzul.
- Modelați în chiftele.
- Chiftele la grătar timp de 4 până la 5 minute pe fiecare parte.

23. Tempeh și Nucă

INGREDIENTE:
- 8 uncii de tempeh, tăiat în cuburi de ½ inch
- ¾ cană ceapă tocată
- 2 catei de usturoi, tocati
- ¾ cana nuci tocate
- ½ cană de ovăz de modă veche sau de gătit rapid
- 1 lingura patrunjel proaspat tocat
- ½ linguriță de oregano uscat
- ½ linguriță de cimbru uscat
- ½ lingurita sare
- ¼ de lingurita piper negru proaspat macinat
- 3 linguri ulei de masline

INSTRUCȚIUNI:
- Într-o cratiță cu apă clocotită, gătiți tempeh timp de 30 de minute.
- Se scurge si se da deoparte la racit.
- Într-un robot de bucătărie, combinați ceapa și usturoiul și procesați până se toacă.
- Adăugați tempehul răcit, nucile, ovăzul, pătrunjelul, oregano, cimbru, sare și piper.
- Procesați până se omogenizează bine. Modelați amestecul în 4 chiftelute egale.
- Într-o tigaie, încălziți uleiul la foc moderat.
- Adăugați chiftelele și gătiți până când sunt fierte și rumenite pe ambele părți, aproximativ 7 minute pe fiecare parte.

24. Macadamia-Carrot Chiftele

INGREDIENTE:
- 1 cană nuci de macadamia tocate
- 1 cană caju tocate
- 1 morcov, ras
- 1 ceapa, tocata
- 1 cățel de usturoi, tocat
- 1 jalapeño sau alt ardei iute verde, fără semințe și tocat
- 1 cană de ovăz de modă veche
- 1 cană făină uscată de migdale, necondimentată
- 2 linguri coriandru proaspăt tocat
- ½ lingurita coriandru macinat
- Sare și piper negru proaspăt măcinat
- 2 lingurite suc proaspat de lamaie
- Ulei de canola sau sâmburi de struguri, pentru prăjit

INSTRUCȚIUNI:
- Într-un robot de bucătărie, combinați nucile de macadamia, caju, morcovul, ceapa, usturoiul, ardeiul, ovăzul, făina de migdale, coriandru, coriandru și sare și piper după gust.
- Procesați până se amestecă bine. Adăugați sucul de lămâie și procesați până se omogenizează bine.
- Gustați, ajustând condimentele dacă este necesar.
- Modelați amestecul în 4 chiftelute egale.
- Într-o tigaie, încălziți un strat subțire de ulei la foc moderat.
- Adăugați chiftelele și gătiți până se rumenesc pe ambele părți, întorcându-le o dată aproximativ 10 minute în total.

25.Chiftelute de năut cu curry

INGREDIENTE:
- 3 linguri ulei de masline
- 1 ceapa, tocata
- 1½ linguriță pudră de curry fierbinte sau blândă
- ½ lingurita sare
- 1/8 linguriță cayenne măcinate
- 1 cană năut fiert
- 1 lingura patrunjel proaspat tocat
- ½ cană făină de gluten de grâu
- 1/3 cană făină uscată de migdale, necondimentată

INSTRUCȚIUNI:
- Într-o tigaie, încălziți 1 lingură de ulei la foc moderat.
- Adăugați ceapa, acoperiți și gătiți până se înmoaie, 5 minute. Se amestecă 1 linguriță de pudră de curry, sare și cayenne și se ia de pe foc. Pus deoparte.
- Într-un robot de bucătărie, combinați năutul, pătrunjelul, făina de gluten de grâu, făina de migdale și ceapa fiartă.
- Formați amestecul de năut în 4 chiftelute egale și lăsați deoparte.
- Într-o tigaie, încălziți restul de 2 linguri de ulei la foc moderat.
- Adăugați chiftelele, acoperiți și gătiți până se rumenesc pe ambele părți, întorcându-le o dată, aproximativ 5 minute pe fiecare parte.
- Într-un castron, combinați ½ linguriță de pudră de curry rămasă cu maioneza, amestecând se amestecă.

26. Chiftele de fasole pinto cu maia

INGREDIENTE:
- 1½ cani de fasole pinto fiarta
- 1 șalotă, tocată
- 1 cățel de usturoi, tocat
- 2 linguri coriandru proaspăt tocat
- 1 lingurita condimente creole
- ¼ cană făină de gluten de grâu
- Sare și piper negru proaspăt măcinat
- ½ cană făină uscată de migdale, necondimentată
- 2 lingurite suc proaspat de lamaie
- 1 ardei iute serrano, fără seminte și tocat
- 2 linguri ulei de masline

INSTRUCȚIUNI:
- Ștergeți fasolea cu prosoape de hârtie pentru a absorbi excesul de umiditate.
- Într-un robot de bucătărie, combinați fasolea, eșalota, usturoiul, coriandru, condimentele creole, făina și sare și piper după gust. Procesați până se omogenizează bine.
- Formați amestecul în 4 chiftelute egale, adăugând mai multă făină dacă este necesar.
- Pasti chiftelele in faina de migdale. Se da la frigider pentru 20 de minute.
- Într-un castron, combinați maioneza, sucul de lămâie și chile serrano.
- Se condimenteaza cu sare si piper dupa gust, se amesteca bine si se da la frigider pana este gata de servire.
- Într-o tigaie, încălziți uleiul la foc moderat.

- Adăugați chiftelele și gătiți până se rumenesc și devin crocante pe ambele părți, aproximativ 5 minute pe fiecare parte.

7. Chiftele de linte, ciuperci și orez

INGREDIENTE:
- ¾ cană Linte
- 1 Cartofi dulci
- 10 Frunze proaspete de spanac
- 1 cană Ciuperci proaspete, tocate
- ¾ cană faina de migdale
- 1 lingura Tarhon
- 1 lingura Praf de usturoi
- 1 lingura Patrunjel maruntit
- ¾ cană Orez cu bob lung

INSTRUCȚIUNI:
- Gatiti orezul pana cand este fiert si usor lipicios si lintea pana se inmoaie. Se răcește ușor.
- Tocați mărunt un cartof dulce care a fost curățat și fierbeți până când se înmoaie. Se răcește ușor.
- Frunzele de spanac trebuie clătite și mărunțite fin.
- Amestecă toate ingredientele și condimentele, adăugând sare și piper după gust.
- Se da la frigider 15-30 min.
- Se formează chiftele și se călesc într-o tigaie sau pe un grătar de legume.
- Asigurați-vă că ungeți sau pulverizați o tigaie cu Pam, deoarece aceste chiftele vor tinde să se lipească.

3.Chiftele Shiitake și Ovăz

INGREDIENTE:

- 8 uncii de ovăz
- 4 uncii de brânză mozzarella vegană
- 3 uncii de ciuperci Shiitake tăiate cubulețe
- 3 uncii de ceapă albă tăiată cubulețe
- 2 catei de usturoi tocati
- 2 uncii de ardei roșu tăiat cubulețe
- 2 uncii zaruri de dovlecel

INSTRUCȚIUNI:

- Combinați toate ingredientele într-un robot de bucătărie.
- Apăsați comutatorul de pornire/oprire pentru a combina aproximativ ingredientele.
- Nu amestecați în exces. Amestecarea finală se poate face manual.
- Formați chiftele de patru uncii.
- Intr-o tigaie adauga o cantitate de ulei de masline.
- Cand tigaia este fierbinte adaugam chiftele.
- Gatiti un minut pe fiecare parte.

9.Chiftele de ovăz și mozzarella vegane

INGREDIENTE:

- ½ cană ceapă verde, tocată
- ¼ cană ardei verde, tocat
- ¼ cană pătrunjel, tocat
- ¼ lingurita piper alb
- 2 catei de usturoi, taiati cubulete
- ½ cană brânză Mozzarella vegană, rasă
- ¾ cană de orez brun
- ⅓ cană apă sau vin alb
- ½ cană Morcov, mărunțit
- ⅔ cană ceapă, tocată
- 3 tulpini de telina, tocate
- 1¼ linguriță sare de condiment
- ¾ linguriță de cimbru
- ½ cană brânză Cheddar vegană, rasă
- 2 căni de ovăz rapid
- ¾ cană de grâu bulgur

INSTRUCȚIUNI:

- Gatiti orezul si grau bulgur.
- Se fierbe legumele timp de 3 minute într-o tigaie acoperită, amestecând o dată sau de două ori.
- Scurgeti bine si amestecati cu orezul si branza vegana pana cand branza se topeste usor.
- Se amestecă ingredientele rămase.
- Formați chiftele de 4 uncii.
- Gatiti aproximativ 10 minute fiecare pe un gratar, folosind spray de gatit.
- Serviți ca fel de mâncare principală.

60.Chiftelute cu nucă și legume

INGREDIENTE:

- ½ ceapă roșie
- 1 coastă de țelină
- 1 morcov
- ½ ardei gras rosu
- 1 cană nuci, prăjite, măcinate
- ½ cană panko
- ½ cană paste orzo
- 2 înlocuitori de ouă vegani
- Sare si piper
- Felii de avocado
- Ceapă roșie felii
- Catsup
- Muștar

INSTRUCȚIUNI:

- Puneți ceapa țelină, morcovii și ardeiul gras roșu în ulei până se înmoaie
- Adăugați usturoi, nuci, pesmet și orez. Se formează chiftele.
- Se prajesc in ulei pana devin aurii.
- Asamblați pe un bol.

1.Chiftelute cu legume marocane de igname

INGREDIENTE:
- 1½ cani de igname decojite si ras
- 2 catei de usturoi, curatati de coaja
- ¾ cană frunze de coriandru proaspăt
- 1 bucată de ghimbir proaspăt, decojit
- Cutie de năut de 15 uncii, scursă și clătită
- 2 linguri de in macinat amestecat cu 3 linguri de apa
- ¾ cană de ovăz rulat, măcinat într-o făină
- ½ lingură ulei de susan
- 1 lingură aminoacizi de cocos sau tamari cu conținut scăzut de sodiu
- ½ linguriță sare de mare cu bob fin sau sare roz de Himalaya, după gust
- Piper negru proaspăt măcinat, după gust
- 1½ linguriță de pudră de chili
- 1 lingurita chimen
- ½ lingurita coriandru
- ¼ linguriță de scorțișoară
- ¼ linguriță de turmeric
- ½ cană sos tahini cilantro-lim

INSTRUCȚIUNI:
- Preîncălziți cuptorul la 350F.
- Tapetați o foaie de copt cu o bucată de hârtie de copt.
- Tocați usturoiul, coriandrul și ghimbirul până se toacă mărunt.
- Adăugați năutul scurs și procesați din nou până se toacă mărunt, dar lăsați puțină textură. Scoateți acest amestec într-un bol.
- Într-un castron, amestecați amestecul de in și apă.

- Măcinați ovăzul în făină folosind un blender sau un robot de bucătărie.
- Se amestecă acest lucru în amestec împreună cu amestecul de in.
- Acum amestecați uleiul, aminoacizii/tamarii, sare/piperul și condimentele până se combină bine. Ajustați după gust dacă doriți.
- Formează 6-8 chiftele, împachetând bine amestecul. Așezați pe o foaie de copt.
- Coaceți timp de 15 minute, apoi întoarceți cu atenție și coaceți încă 18-23 de minute până când devin aurii și fermi. Cool pe dl.

32.Chiftele de linte, fistic si shiitake

INGREDIENTE:
- 3 salote, taiate cubulete
- 2 lingurite ulei de masline
- ½ cană linte neagră, clătită
- 6 capace de ciuperci shiitake uscate
- ½ cană fistic
- ¼ cană pătrunjel proaspăt, tocat
- ¼ cană gluten de grâu vital
- 1 lingură Ener-G, amestecată cu ⅛ cană de apă
- 2 lingurite de salvie frecata uscata
- ½ lingurita sare
- ¼ lingurita de piper crapat

INSTRUCȚIUNI:
- Se calesc salota taiata cubulete cu ulei la foc mic. Pus deoparte.
- Aduceți trei căni de apă la fiert.
- Adăugați lintea și capacele de shiitake uscate și puneți capacul peste oală, astfel încât să poată scăpa niște aburi în timpul gătirii.
- Fierbeți 18-20 de minute, apoi turnați-le într-o strecurătoare cu ochiuri fine pentru a se scurge și a se răci.
- Scoateți shiitake-ul din linte și tăiați-o cubulețe, aruncând tulpinile dure.
- Puneți fisticul într-un robot de bucătărie și măcinați-le grosier.
- Adaugati salota, lintea, capacele shiitake taiate cubulete, fisticul si patrunjelul intr-un castron si amestecati pana se omogenizeaza bine.
- Adăugați glutenul de grâu vital și amestecați.

- Adăugați amestecul apă/Energ-G și amestecați aproximativ două minute cu o furculiță puternică pentru a permite glutenului să se dezvolte.
- Adăugați salvie, sare și piper și amestecați până se omogenizează bine.
- Pentru a prăji chiftelele, modelați-le în chifteluțe, strângeți ușor amestecul pe măsură ce îl modelați.
- Se prăjește într-o tigaie cu puțin ulei de măsline timp de 2-3 minute pe fiecare parte, sau până se rumenește ușor.

3. Chiftele vegane bogate în proteine

INGREDIENTE:
- 1 cană proteină vegetală texturată
- ½ cană de fasole roșie gătită
- 3 linguri ulei
- 1 lingura sirop de artar
- 2 linguri pasta de rosii
- 1 lingura sos de soia
- 1 lingura drojdie nutritiva
- ½ linguriță de chimen măcinat
- ¼ linguriță fiecare: boia de ardei ardei iute, pudră de usturoi, praf de ceapă, oregano
- ⅛ linguriță de fum lichid
- ¼ cană apă sau suc de sfeclă roșie
- ½ cană de gluten de grâu vital

INSTRUCȚIUNI:
- Aduceți o oală cu apă la fiert.
- Adăugați proteina vegetală texturată și lăsați să fiarbă timp de 10-12 minute.
- Scurgeți TVP-ul și clătiți-l de câteva ori.
- Strângeți TVP cu mâinile pentru a elimina excesul de umiditate.
- În bolul unui robot de bucătărie, adăugați fasolea fiartă, uleiul, siropul de arțar, pasta de roșii, sosul de soia, drojdia nutritivă, condimentele, fumul lichid și apă.
- Procesați timp de 20 de secunde, răzuind părțile laterale și procesați din nou până se formează un piure.
- Adăugați TVP rehidratat și procesați timp de 7-10 secunde, sau până când TVP este bine tocat.
- Transferați amestecul într-un bol de amestecare și adăugați glutenul de grâu vital.

- Se amestecă, apoi se frământă cu mâinile timp de 2-3 minute pentru a dezvolta glutenul.
- Împărțiți amestecul în 3 și formați chiftele.
- Înfășurați cu grijă fiecare chifteluță în hârtie de copt și apoi în folie de aluminiu.
- Puneți chiftelele învelite într-o oală sub presiune și fierbeți-le sub presiune timp de 1 oră și jumătate.
- Odată fierte, desfaceți chiftelele și lăsați-le să se răcească 10 minute.
- Prăjiți chiftelele în puțin ulei până se rumenesc pe fiecare parte.
- Chiftele se vor păstra până la 4 zile la frigider.

34. Bilute de tofu

INGREDIENTE:

- 6 căni de apă; fierbere
- 5 căni de tofu; sfărâmat
- 1 cană pesmet din cereale integrale
- ¼ cană Tamari
- ¼ cană drojdie nutritivă
- ¼ cană unt de arahide
- Inlocuitor de ou pentru 1 ou
- ½ cană ceapă; tocat mărunt
- 4 Catei de usturoi; presat
- 1 lingurita Cimbru
- 1 lingurita Busuioc
- ¼ linguriță de semințe de țelină
- ¼ linguriță cuișoare; sol

INSTRUCȚIUNI:

- Puneți toate, cu excepția unei cani de tofu mărunțit, în apă clocotită. Apăsați tofu .
- Adăugați ingredientele rămase în tofu presat și amestecați bine .
- Modelează amestecați în bile de mărimea unei nuci și puneți-le pe o foaie de biscuiți bine unsă cu ulei.
- Coaceți la 350 de grade timp de 20-25 de minute sau până când biluțele sunt tari și rumene.
- Întoarceți-le o dată în timpul coacerii, dacă este necesar.

35. Chiftelă de conopidă, fasole și spanac cu

INGREDIENTE:

- 9 oz buchețe de conopidă, fierte
- 7 oz spanac tocat congelat, decongelat
- 400 g tava de fasole neagra, scursa
- 2 catei de usturoi, macinati sau rasi
- 2 lingurite sos de soia
- 1 lingurita amestec de ierburi uscate

INSTRUCȚIUNI:

- Fierbeți buchețelele de conopidă într-o oală cu apă clocotită.
- Răziți conopida într-un castron, apoi adăugați spanacul, fasolea, usturoiul, sosul de soia și amestecul de ierburi.
- Amestecul se lucrează cu un zdrobitor pentru a forma o pastă grosieră.
- Se amestecă ovăzul într-o pudră fină, apoi se adaugă în bol și se amestecă pentru a se combina.
- Rulați amestecul în bile.
- Prăjiți biluțele de legume în loturi până devin maro auriu.

36. Chiftele vegane la cuptor

INGREDIENTE:
- 1 lingura de seminte de in macinate
- ¼ cană + 3 linguri bulion de legume
- 1 ceapa mare, curatata de coaja si taiata in sferturi
- 2 catei de usturoi, curatati de coaja
- 1½ plantă chiftele
- 1 cană pesmet
- ½ cană parmezan vegan
- 2 linguri patrunjel proaspat, tocat marunt
- Sare si piper, dupa gust
- Spray cu ulei de gătit

INSTRUCȚIUNI:
- Adăugați ceapa și usturoiul într-un robot de bucătărie și amestecați până se face piure.
- Într-un castron mare de amestecat se adaugă ou de in, ¼ de cană bulion de legume, ceapă și usturoi piure, carne de plante Impossible chiftele, pesmet, parmezan vegan, pătrunjel și un praf de sare și piper. Se amestecă bine pentru a se combina.
- Din amestecul de chiftele vegan în 32 de bile .
- Pune chiftele vegane pe tava tapetata de copt si coace la cuptor pentru aproximativ 10 minute, sau pana se rumenesc.

37. Chiftelute de parmezan cu ciuperci și caju

INGREDIENTE:
- 1 lingura ulei de masline
- 1 kilogram de ciuperci albe proaspete
- 1 praf sare
- 1 lingura de unt
- ½ cana ceapa tocata marunt
- 4 catei de usturoi, tocati
- ½ cană de ovăz cu gătit rapid
- 1 uncie parmezan caju
- ½ cană pesmet
- ¼ cană pătrunjel cu frunze plate tocat
- 2 ouă, împărțite
- 1 lingurita de sare
- piper negru proaspăt măcinat după gust
- 1 praf de piper cayenne, sau dupa gust
- 1 praf de oregano uscat
- 3 cani de sos de paste
- 1 lingura parmezan caju
- 1 lingură pătrunjel cu frunze plate tocat

INSTRUCȚIUNI:
- Încinge ulei de măsline într-o tigaie la foc mediu-înalt.
- Adăugați ciupercile în uleiul încins, stropiți cu sare și gătiți și amestecați până când lichidul din ciuperci s-a evaporat.
- Adăugați untul în ciuperci, reduceți căldura la mediu și gătiți și amestecați ciupercile până când devin maro auriu, aproximativ 5 minute

38. Chiftele Cremini & Linte

INGREDIENTE:
- 1 cană linte uscată
- ¼ cană ulei de măsline
- 1 ceapa, aproximativ 1 cana tocata
- 8 oz ciuperci Cremini
- 3 catei de usturoi, tocati
- 1½ cani de pesmet Panko
- Ciupiți condimente italiene și cayenne
- 2½ lingurițe de sare, împărțite
- 2 oua
- 1 cană parmezan vegan

INSTRUCȚIUNI:
- Într-un castron mare, amestecați jumătățile de roșii împreună cu 1 linguriță de condimente italiene, 1 linguriță de sare și ¼ de cană de ulei de măsline.
- Pulsați ciupercile într-un robot de bucătărie până când sunt de mărimea unei mazăre.
- Când uleiul este fierbinte, se adaugă ceapa și se călește aproximativ 3 minute, până devine translucid. Se adauga usturoiul si ciupercile pulsate si se calesc .
- Într-un castron mare combinați amestecul de ciuperci de linte împreună cu pesmetul de pâine panko și condimentele.
- Formați bile și coaceți.

39. Chiftelute cu lamaie oregano

INGREDIENTE:
- 1 lingura de seminte de in macinate
- 1 lingura ulei de masline, plus extra
- 1 ceapa galbena mica si 3 catei de usturoi
- Ciupiți de oregano, praf de ceapă, tamari
- ½ linguriță ardei iute măcinat
- sare de mare și piper negru măcinat, după gust
- 1½ lingurita suc si coaja de lamaie
- 1 cană jumătăți de nucă
- ¾ cană de ovăz
- 1½ cani de fasole albă fiartă
- ¼ de cană de pătrunjel proaspăt și ¼ de cană de mărar proaspăt

INSTRUCȚIUNI:
- Într-un castron mic, combinați inul măcinat și apa.
- Se caleste ceapa si se adauga usturoiul si oregano.
- Adăugați drojdia nutritivă, chili, praful de ceapă, sare și piper în tigaie și amestecați timp de aproximativ 30 de secunde.
- Turnați în sucul lor de lămâie.
- Pulsați nucile, fasolea și ovăzul până când aveți o masă grosieră.
- Adăugați amestecul de gel de in, amestecul de ceapă și usturoi sotate, tamari, coaja de lămâie, pătrunjel, mărar și praf mari de sare și piper.
- Rotiți-o într-o minge și coaceți chiftelele timp de 25 de minute.

40.Cu Chiftelușe cu Naut Riracha

INGREDIENTE:
- 1 lingură făină din semințe de in
- Cutie de năut de 14 uncii, scursă și clătită
- 1 ½ cani farro fiert
- ¼ cană de ovăz de modă veche
- 2 catei de usturoi, presati
- 1 lingurita radacina de ghimbir rasa fin
- ½ lingurita sare
- 1 lingură ulei de susan chile fierbinte
- 1 lingură sriracha

INSTRUCȚIUNI:
- Preîncălziți cuptorul la 400 de grade Fahrenheit. Tapetați o tavă cu folie și lăsați-o deoparte.
- Combinați făina de semințe de in cu 3 linguri de apă; Scorpionul.
- Se lasa deoparte sa se odihneasca 5 minute.
- Puneți năutul, farro, ovăzul, usturoiul, ghimbirul, sarea, uleiul de susan și sriracha în bolul unui robot sau blender mare.
- Se toarnă oul de in rămas și se amestecă până când ingredientele s-au combinat.
- Rulați amestecul în bile de o lingură și coaceți.

41. Chiftele vegane cu ciuperci

INGREDIENTE:
- 1 lingura de seminte de in macinate
- 3 linguri de apă
- 4 uncii de ciupercă Bella
- ½ cană ceapă tăiată cubulețe
- 1 lingura ulei de masline impartit
- ¼ lingurita sare
- 1 lingura sos de soia
- 1 lingura condimente italiene
- 1 uncie cutie de năut scurs
- 1 cană pesmet simplu
- 1 lingura drojdie nutritiva

INSTRUCȚIUNI:
- Tăiați grosier ciupercile și cubulețe ceapa.
- Într-o tigaie medie, încălziți 1 lingură de ulei de măsline la foc mediu-mare.
- Adăugați ciupercile și ceapa și stropiți cu ¼ de linguriță de sare.
- Se caleste timp de 5 minute sau pana cand ciupercile se inmoaie.
- Adăugați sosul de soia și condimentele italiene și gătiți încă un minut.
- Combinați năutul, oul de in, pesmetul, drojdia nutritivă și ceapa și ciupercile sotate într-un robot de bucătărie cu un accesoriu standard de lamă.
- Puls până se defectează în mare parte. Ar trebui să mai existe câteva bucăți mici de năut sau ciuperci.
- Folosiți mâinile curate pentru a rula amestecul de chiftele în 12 bile de dimensiunea unui ping-pong.

- Coaceți timp de 30 de minute într-un cuptor la 350 de grade.

42. Spaghete cu legume si chiftele

INGREDIENTE:

- 3 Ceapă
- ½ kilogram Ciuperci, feliate
- 4 linguri Ulei de masline
- 1 cutie de rosii
- 1 conserve Pasta de rosii
- 1 Coaja de telina tocata
- 3 Morcovi rasi
- 6 linguri Unt
- 3 Ouă bătute
- 1½ cani de masa Matzo
- 2 căni de mazăre verde fiartă
- 1 lingurita Sare
- ¼ lingurita Piper
- 1 liră sterlină Spaghete, fierte
- Brânză vegană rasă

INSTRUCȚIUNI:

- Se caleste ceapa si ciupercile taiate cubulete in ulei timp de 10 minute.
- Adăugați roșiile, pasta de tomate și oregano.
- Acoperiți și gătiți la foc mic timp de 1 oră. Condimentarea corectă.
- Gatiti ceapa tocata, telina si morcovii in jumatate din unt timp de 15 minute. Misto.
- Adăugați ouăle, 1 cană de făină matzo, mazărea, sare și piper.
- Se rulează în bile mici și se scufundă în făina de matzo rămasă.
- ☑

3. Chiftele Tempeh și ceapă

INGREDIENTE:
Chifteluta
- ½ ceapă roșie mică, tocată
- 8 uncii tempeh, tocat
- 3 catei de usturoi, tocati
- 1 lingură ulei, împărțit
- 3 linguri de iaurt vegan simplu, neîndulcit
- ½ cană pesmet
- 1 linguriță sare de mare fină

AMESC DE CONDIȚII TANDOORI:
- 1½ linguriță boia de ardei
- ½ lingurita coriandru
- ½ lingurita de ghimbir
- ¼ lingurita de chimen
- ¼ linguriță cardamom
- ¼ linguriță de turmeric
- ¼ linguriță garam masala
- ¼ lingurita cayenne

INSTRUCȚIUNI:
- Preîncălziți cuptorul la 375 de grade F (190 C) și tapetați o tavă de copt cu hârtie de copt.
- Într-un castron mic, amestecați cele 8 ingrediente care compun amestecul de condimente. Pus deoparte.
- Preîncălziți o tigaie mare la foc mediu.
- Adăugați 1 linguriță de ulei și gătiți ceapa și tempeh timp de 5 până la 7 minute sau până când tempehul este auriu.
- Glisați tempeh și ceapa pe o parte a tigaii și adăugați restul de 2 lingurițe de ulei pe cealaltă parte a tigaii.

- Adăugați usturoiul și amestecul de condimente direct în ulei.
- Se amestecă, apoi se combină cu tempeh și ceapa.
- Amestecați des, gătiți timp de 1 minut și luați de pe foc.
- Transferați amestecul de tempeh într-un robot de bucătărie.
- Pulsați de 5 sau 6 ori sau până când este în mare parte tocat și uniform.
- Adăugați pesmetul, sarea și iaurtul și procesați până se omogenizează bine.
- Folosiți o lingură sau o lingură mică de prăjituri pentru a porți chiftele.
- Se rulează între palme și se așează pe o tavă de copt tapetată.
- Coaceți timp de 25 până la 28 de minute, răsturnând la jumătate.

44. Chiftele de linte si ciuperci

INGREDIENTE:
- 1 cană linte fiartă
- 1 cana de ciuperci, tocate marunt
- 1/2 cană pesmet
- 1/4 cană parmezan ras
- 1 ceapa mica, tocata marunt
- 2 catei de usturoi, tocati
- 1 lingura patrunjel proaspat tocat
- 1 lingurita oregano uscat
- Sare si piper dupa gust
- 1 ou, batut

INSTRUCȚIUNI:
- Într-un castron mare, combinați toate ingredientele și amestecați bine.
- Modelați amestecul în chiftele mici.
- Încinge puțin ulei într-o tigaie la foc mediu.
- Gatiti chiftelele pana se rumenesc si sunt fierte, aproximativ 10-12 minute.
- Serviți cu sosul sau paste preferate.

45.Chiftele de cartofi dulci și fasole neagră

INGREDIENTE:

2 cesti piure de cartofi dulci
1 cană de fasole neagră fiartă, scursă și clătită
1/2 cană pesmet
1/4 cana ceapa verde tocata
2 catei de usturoi, tocati
1 lingurita chimen macinat
1/2 lingurita boia afumata
Sare si piper dupa gust
1 ou, batut

INSTRUCȚIUNI:

Într-un castron mare, combinați toate ingredientele și amestecați bine.

Modelați amestecul în chiftele și puneți-le pe o tavă de copt.

Coaceți într-un cuptor preîncălzit la 375°F (190°C) timp de 20-25 de minute sau până când se rumenesc și devine crocant.

Serviți cu o garnitură de legume prăjite sau într-un sandviș.

46. Chifteluțe de conopidă și năut

INGREDIENTE:

2 cesti buchetele de conopida, fierte la abur si tocate marunt
1 cană năut fiert, piure
1/2 cană pesmet
1/4 cană parmezan ras
1 ceapa mica, tocata marunt
2 catei de usturoi, tocati
1 lingură coriandru proaspăt tocat
1 lingurita chimen macinat
Sare si piper dupa gust
1 ou, batut

INSTRUCȚIUNI:

Într-un castron mare, combinați toate ingredientele și amestecați bine.

Modelați amestecul în chiftelute și puneți-le pe o tavă de copt unsă.

Coaceți într-un cuptor preîncălzit la 375°F (190°C) timp de 20-25 de minute sau până când se rumenesc.

Serviți cu sosul preferat sau ca topping pentru salate.

47. Chiftele de dovlecel și quinoa

INGREDIENTE:

2 cani de dovlecel ras
1 cană quinoa fiartă
1/2 cană pesmet
1/4 cană parmezan ras
1 ceapa mica, tocata marunt
2 catei de usturoi, tocati
1 lingura busuioc proaspat tocat
1 lingurita oregano uscat
Sare si piper dupa gust
1 ou, batut

INSTRUCȚIUNI:

Puneți dovlecelul ras într-un prosop curat de bucătărie și stoarceți orice exces de umiditate.

Într-un castron mare, combinați dovlecelul, quinoa, pesmetul, parmezanul, ceapa, usturoiul, busuiocul, oregano, sare, piper și oul. Amesteca bine.

Modelați amestecul în chiftele și puneți-le pe o tavă de copt.

Coaceți într-un cuptor preîncălzit la 375°F (190°C) timp de 20-25 de minute sau până când se rumenesc.

Serviți cu sos marinara sau savurați-le într-un sub sandwich.

48. Chiftele cu spanac și feta

INGREDIENTE:

2 cani de spanac tocat, fiert si scurs
1 cană brânză feta mărunțită
1/2 cană pesmet
1/4 cană mărar proaspăt tocat
2 catei de usturoi, tocati
1 ceapa mica, tocata marunt
1/4 lingurita nucsoara
Sare si piper dupa gust
1 ou, batut

INSTRUCȚIUNI:

Într-un castron mare, combinați toate ingredientele și amestecați bine.

Modelați amestecul în chiftele și puneți-le pe o tavă de copt.

Coaceți într-un cuptor preîncălzit la 375°F (190°C) timp de 20-25 de minute sau până când se rumenesc.

Serviți cu sos tzatziki și pâine pita.

49. Chiftelușe cu broccoli și cheddar

INGREDIENTE:

2 cesti buchetele de broccoli tocate marunt, fierte la abur si scurse
1 cană brânză cheddar mărunțită
1/2 cană pesmet
1/4 cană parmezan ras
1 ceapa mica, tocata marunt
2 catei de usturoi, tocati
1 lingura patrunjel proaspat tocat
Sare si piper dupa gust
1 ou, batut

INSTRUCȚIUNI:

Într-un castron mare, combinați toate ingredientele și amestecați bine.

Modelați amestecul în chiftele și puneți-le pe o tavă de copt.

Coaceți într-un cuptor preîncălzit la 375°F (190°C) timp de 20-25 de minute sau până când se rumenesc.

Serviți cu sos marinara sau ca garnitură.

50. Chiftele de morcov și năut

INGREDIENTE:
2 cani de morcovi rasi
1 cană năut fiert, piure
1/2 cană pesmet
1/4 cană pătrunjel proaspăt tocat
2 catei de usturoi, tocati
1 ceapa mica, tocata marunt
1 lingurita chimen macinat
1/2 lingurita coriandru macinat
Sare si piper dupa gust
1 ou, batut

INSTRUCȚIUNI:

Într-un castron mare, combinați toate ingredientele și amestecați bine.

Modelați amestecul în chiftelute și puneți-le pe o tavă de copt unsă.

Coaceți într-un cuptor preîncălzit la 375°F (190°C) timp de 20-25 de minute sau până când se rumenesc și devine crocant.

Serviți cu un sos de iaurt sau peste cuscuș.

51.Chiftelute cu ciuperci si nuci

INGREDIENTE:

2 cani de ciuperci, tocate marunt
1 cana nuci, tocate marunt
1/2 cană pesmet
1/4 cană parmezan ras
1 ceapa mica, tocata marunt
2 catei de usturoi, tocati
1 lingura de cimbru proaspat tocat
Sare si piper dupa gust
1 ou, batut

INSTRUCȚIUNI:

Într-un castron mare, combinați toate ingredientele și amestecați bine.

Modelați amestecul în chiftele și puneți-le pe o tavă de copt.

Coaceți într-un cuptor preîncălzit la 375°F (190°C) timp de 20-25 de minute sau până când se rumenesc.

Serviți cu un sos cremos de ciuperci sau peste paste.

52.Chiftele de sfeclă și quinoa

INGREDIENTE:
2 căni de sfeclă rasă
1 cană quinoa fiartă
1/2 cană pesmet
1/4 cană pătrunjel proaspăt tocat
2 catei de usturoi, tocati
1 ceapa mica, tocata marunt
1 lingurita chimen macinat
Sare si piper dupa gust
1 ou, batut

INSTRUCȚIUNI:

Într-un castron mare, combinați toate ingredientele și amestecați bine.

Modelați amestecul în chiftele și puneți-le pe o tavă de copt.

Coaceți într-un cuptor preîncălzit la 375°F (190°C) timp de 20-25 de minute sau până când se rumenesc și devine crocant.

Serviți cu un sos de iaurt acidulat sau într-o salată.

53. Chiftelute cu quinoa și porumb

INGREDIENTE:
2 cani de quinoa fiarta
1 cană boabe de porumb
1/2 cană pesmet
1/4 cană parmezan ras
1 ceapa mica, tocata marunt
2 catei de usturoi, tocati
1 lingură coriandru proaspăt tocat
1 lingurita chimen macinat
Sare si piper dupa gust
1 ou, batut

INSTRUCȚIUNI:

Într-un castron mare, combinați toate ingredientele și amestecați bine.

Modelați amestecul în chiftelute și puneți-le pe o tavă de copt unsă.

Coaceți într-un cuptor preîncălzit la 375°F (190°C) timp de 20-25 de minute sau până când se rumenesc.

Serviți cu salsa sau ca umplutură pentru tacos.

54.Chiftelute de vinete și năut

INGREDIENTE:
2 căni de vinete fierte, piure
1 cană năut fiert, piure
1/2 cană pesmet
1/4 cană parmezan ras
1 ceapa mica, tocata marunt
2 catei de usturoi, tocati
1 lingura busuioc proaspat tocat
1 lingurita oregano uscat
Sare si piper dupa gust
1 ou, batut

INSTRUCȚIUNI:
Într-un castron mare, combinați toate ingredientele și amestecați bine.

Modelați amestecul în chiftele și puneți-le pe o tavă de copt.

Coaceți într-un cuptor preîncălzit la 375°F (190°C) timp de 20-25 de minute sau până când se rumenesc și devine crocant.

Se serveste cu sos marinara si spaghete.

55.Chiftele de cartofi și mazăre

INGREDIENTE:
2 cani de piure de cartofi
1 cană mazăre fiartă
1/2 cană pesmet
1/4 cană parmezan ras
1 ceapa mica, tocata marunt
2 catei de usturoi, tocati
1 lingura menta proaspata tocata
Sare si piper dupa gust
1 ou, batut

INSTRUCȚIUNI:
Într-un castron mare, combinați toate ingredientele și amestecați bine.

Modelați amestecul în chifteluțe și puneți-le pe o tavă de copt unsă.

Coaceți într-un cuptor preîncălzit la 375°F (190°C) timp de 20-25 de minute sau până când se rumenesc.

Serviți cu sos de iaurt cu mentă sau ca garnitură.

56.Chiftele de porumb și ardei roșu

INGREDIENTE:

2 cani boabe de porumb
1 cană ardei roșu copt, tocat
1/2 cană pesmet
1/4 cană coriandru proaspăt tocat
2 catei de usturoi, tocati
1 ceapa mica, tocata marunt
1 lingurita chimen macinat
1/2 lingurita boia afumata
Sare si piper dupa gust
1 ou, batut

INSTRUCȚIUNI:

Într-un castron mare, combinați toate ingredientele și amestecați bine.

Modelați amestecul în chiftele și puneți-le pe o tavă de copt.

Coaceți într-un cuptor preîncălzit la 375°F (190°C) timp de 20-25 de minute sau până când se rumenesc.

Serviți cu un sos de maionă chipotle sau într-o folie.

57. Dovleac si Chiftelute de salvie

INGREDIENTE:
2 căni de dovleac butternut fiert, piure
1 cană pesmet
1/4 cană parmezan ras
1 ceapa mica, tocata marunt
2 catei de usturoi, tocati
1 lingura de salvie proaspata tocata
Sare si piper dupa gust
1 ou, batut

INSTRUCȚIUNI:
Într-un castron mare, combinați toate ingredientele și amestecați bine.

Modelați amestecul în chiftelute și puneți-le pe o tavă de copt unsă.

Coaceți într-un cuptor preîncălzit la 375°F (190°C) timp de 20-25 de minute sau până când se rumenesc și devine crocant.

Serviți cu un sos cremos Alfredo sau ca garnitură.

58. Chiftelute de varză și fasole albă

INGREDIENTE:
2 cani de varza varza tocata, albita si scursa
1 cană fasole albă fiartă, piure
1/2 cană pesmet
1/4 cană pătrunjel proaspăt tocat
2 catei de usturoi, tocati
1 ceapa mica, tocata marunt
1 lingurita oregano uscat
Sare si piper dupa gust
1 ou, batut

INSTRUCȚIUNI:
Într-un castron mare, combinați toate ingredientele și amestecați bine.
Modelați amestecul în chiftele și puneți-le pe o tavă de copt.
Coaceți într-un cuptor preîncălzit la 375°F (190°C) timp de 20-25 de minute sau până când se rumenesc.
Se serveste cu sos marinara sau intr-o folie.

59. Chiftele cu quinoa si spanac

INGREDIENTE:
2 cani de quinoa fiarta
1 cană spanac tocat
1/2 cană pesmet
1/4 cană parmezan ras
1 ceapa mica, tocata marunt
2 catei de usturoi, tocati
1 lingura busuioc proaspat tocat
Sare si piper dupa gust
1 ou, batut

INSTRUCȚIUNI:

Într-un castron mare, combinați toate ingredientele și amestecați bine.

Modelați amestecul în chiftelute și puneți-le pe o tavă de copt unsă.

Coaceți într-un cuptor preîncălzit la 375°F (190°C) timp de 20-25 de minute sau până când se rumenesc.

Se serveste cu sos marinara sau pe un pat de spaghete.

60. Chiftelute de conopidă și quinoa

INGREDIENTE:
2 cesti buchetele de conopida tocate marunt, fierte la abur si scurse
1 cană quinoa fiartă
1/2 cană pesmet
1/4 cană parmezan ras
1 ceapa mica, tocata marunt
2 catei de usturoi, tocati
1 lingura patrunjel proaspat tocat
Sare si piper dupa gust
1 ou, batut

INSTRUCȚIUNI:

Într-un castron mare, combinați toate ingredientele și amestecați bine.

Modelați amestecul în chiftelute și puneți-le pe o tavă de copt unsă.

Coaceți într-un cuptor preîncălzit la 375°F (190°C) timp de 20-25 de minute sau până când se rumenesc.

Serviți cu sosul preferat sau ca umplutură vegetariană de sandvici.

61. Chiftelute de năut și spanac

INGREDIENTE:
2 căni de năut fiert, piure
1 cană spanac tocat
1/2 cană pesmet
1/4 cană parmezan ras
1 ceapa mica, tocata marunt
2 catei de usturoi, tocati
1 lingură coriandru proaspăt tocat
1 lingurita chimen macinat
Sare si piper dupa gust
1 ou, batut

INSTRUCȚIUNI:

Într-un castron mare, combinați toate ingredientele și amestecați bine.

Modelați amestecul în chifteluțe și puneți-le pe o tavă de copt unsă.

Coaceți într-un cuptor preîncălzit la 375°F (190°C) timp de 20-25 de minute sau până când se rumenesc și devine crocant.

Serviți cu un sos pe bază de iaurt sau într-un buzunar de pita.

62.Chiftele de cartofi dulci si năut

INGREDIENTE:
2 cesti piure de cartofi dulci
1 cană năut fiert, piure
1/2 cană pesmet
1/4 cană coriandru proaspăt tocat
2 catei de usturoi, tocati
1 ceapa mica, tocata marunt
1 lingurita chimen macinat
1/2 lingurita boia afumata
Sare si piper dupa gust
1 ou, batut

INSTRUCȚIUNI:

Într-un castron mare, combinați toate ingredientele și amestecați bine.

Modelați amestecul în chiftele și puneți-le pe o tavă de copt.

Coaceți într-un cuptor preîncălzit la 375°F (190°C) timp de 20-25 de minute sau până când se rumenesc.

Serviți cu un sos picant sau într-o folie cu legume proaspete.

63. Chiftele cu ciuperci și linte

INGREDIENTE:
2 cani de ciuperci tocate marunt
1 cană linte fiartă
1/2 cană pesmet
1/4 cană parmezan ras
1 ceapa mica, tocata marunt
2 catei de usturoi, tocati
1 lingura de cimbru proaspat tocat
Sare si piper dupa gust
1 ou, batut

INSTRUCȚIUNI:

Într-un castron mare, combinați toate ingredientele și amestecați bine.

Modelați amestecul în chiftele și puneți-le pe o tavă de copt.

Coaceți într-un cuptor preîncălzit la 375°F (190°C) timp de 20-25 de minute sau până când se rumenesc și sunt gătite.

Serviți cu un sos cremos de ciuperci sau ca garnitură.

64. Chiftele de morcov si dovlecel

INGREDIENTE:

1 cană morcovi rasi
1 cană dovlecel ras
1/2 cană pesmet
1/4 cană parmezan ras
1 ceapa mica, tocata marunt
2 catei de usturoi, tocati
1 lingura patrunjel proaspat tocat
Sare si piper dupa gust
1 ou, batut

INSTRUCȚIUNI:

Într-un castron mare, combinați toate ingredientele și amestecați bine.

Modelați amestecul în chiftele și puneți-le pe o tavă de copt.

Coaceți într-un cuptor preîncălzit la 375°F (190°C) timp de 20-25 de minute sau până când se rumenesc.

Se serveste cu sos marinara sau intr-un prajit de legume.

65. Chiftele cu quinoa si ciuperci

INGREDIENTE:
2 cani de quinoa fiarta
1 cană ciuperci tocate mărunt
1/2 cană pesmet
1/4 cană parmezan ras
1 ceapa mica, tocata marunt
2 catei de usturoi, tocati
1 lingura rozmarin proaspat tocat
Sare si piper dupa gust
1 ou, batut

INSTRUCȚIUNI:

Într-un castron mare, combinați toate ingredientele și amestecați bine.

Modelați amestecul în chiftele și puneți-le pe o tavă de copt.

Coaceți într-un cuptor preîncălzit la 375°F (190°C) timp de 20-25 de minute sau până când se rumenesc și devine crocant.

Serviți cu un sos de ciuperci sau ca topping pentru bolurile cu quinoa.

66. Chiftele de fasole neagră și porumb

INGREDIENTE:
1 cană fasole neagră fiartă, piure
1 cană boabe de porumb
1/2 cană pesmet
1/4 cană coriandru proaspăt tocat
1 ceapa mica, tocata marunt
2 catei de usturoi, tocati
1 lingurita chimen macinat
1/2 lingurita pudra de chili
Sare si piper dupa gust
1 ou, batut

INSTRUCȚIUNI:

Într-un castron mare, combinați toate ingredientele și amestecați bine.

Modelați amestecul în chiftele și puneți-le pe o tavă de copt.

Coaceți într-un cuptor preîncălzit la 375°F (190°C) timp de 20-25 de minute sau până când se rumenesc.

Serviți cu o salsa acidulată de avocado sau într-un bol cu cereale de inspirație mexicană.

67. Chiftelute cu broccoli și brânză cheddar

INGREDIENTE:

2 cesti buchetele de broccoli tocate marunt, fierte la abur si scurse
1 cană brânză cheddar măruntită
1/2 cană pesmet
1/4 cană parmezan ras
1 ceapa mica, tocata marunt
2 catei de usturoi, tocati
1 lingura patrunjel proaspat tocat
Sare si piper dupa gust
1 ou, batut

INSTRUCȚIUNI:

Într-un castron mare, combinați toate ingredientele și amestecați bine.

Modelați amestecul în chiftele și puneți-le pe o tavă de copt.

Coaceți într-un cuptor preîncălzit la 375°F (190°C) timp de 20-25 de minute sau până când se rumenesc.

Serviți cu sos marinara sau ca garnitură.

68.Chiftelute de conopidă și brânză

INGREDIENTE:

2 cesti buchetele de conopida tocate marunt, fierte la abur si scurse
1 cană pesmet
1/2 cană parmezan ras
1 ceapa mica, tocata marunt
2 catei de usturoi, tocati
1 lingura de cimbru proaspat tocat
Sare si piper dupa gust
1 ou, batut

INSTRUCȚIUNI:

Într-un castron mare, combinați toate ingredientele și amestecați bine.

Modelați amestecul în chiftele și puneți-le pe o tavă de copt.

Coaceți într-un cuptor preîncălzit la 375°F (190°C) timp de 20-25 de minute sau până când se rumenesc.

Serviți cu un sos cremos de brânză sau ca aperitiv vegetarian.

69. Chiftelute cu ciuperci și nuci cu rozmarin

INGREDIENTE:
2 cani de ciuperci tocate marunt
1 cana nuci, tocate marunt
1/2 cană pesmet
1/4 cană parmezan ras
1 ceapa mica, tocata marunt
2 catei de usturoi, tocati
1 lingura rozmarin proaspat tocat
Sare si piper dupa gust
1 ou, batut

INSTRUCȚIUNI:
Într-un castron mare, combinați toate ingredientele și amestecați bine.

Modelați amestecul în chiftele și puneți-le pe o tavă de copt.

Coaceți într-un cuptor preîncălzit la 375°F (190°C) timp de 20-25 de minute sau până când se rumenesc.

Serviți cu un sos cremos de ciuperci sau ca garnitură cu legume prăjite.

CHITELURI DE LEGUME

Burgeri de sfeclă roșie cu rucola

INGREDIENTE:
- Cutie de 15 uncii de fasole roșie deschisă
- 2 ½ linguri ulei de măsline extravirgin
- 2 ½ *uncii* ciuperci Cremini
- 1 ceapa rosie
- ½ cană de orez brun fiert
- ¾ cană sfeclă crudă
- 1/3 cană semințe de cânepă
- 1 lingurita piper negru macinat
- ½ linguriță sare de mare
- ½ linguriță de semințe de coriandru măcinate
- ½ linguriță sos Worcestershire
- 1 înlocuitor de ouă vegan
- 4 cesti Organic Baby Rucola
- 2 lingurite de otet balsamic alb

INSTRUCȚIUNI:
- Preîncălziți cuptorul la 375°F. Se zdrobește bine fasolea într-un bol de amestecare și se pune deoparte.
- Se încălzește 1 lingură de ulei într-o tigaie antiaderentă la foc mediu.
- Adaugati ciupercile si trei sferturi din ceapa si caliti pana se inmoaie, aproximativ 8 minute.
- Transferați amestecul de legume în bolul de amestecare cu fasole. Se amestecă orezul, sfecla, semințele de cânepă, piperul, sarea, coriandru și sosul Worcestershire până se combină.
- Adăugați înlocuitorul de ouă vegan și amestecați până se omogenizează bine.

- Formați amestecul în patru bile și puneți-le pe o foaie de copt nealbită tapetată cu hârtie de copt. Pat cu vârful degetelor în patru chifle.
- Tamponează ușor partea de sus a chiftelelor cu $\frac{1}{2}$ lingură de ulei folosind vârful degetelor.
- Coaceți timp de 1 oră. Întoarceți foarte ușor fiecare burger și coaceți până când devine crocant, ferm și rumenit, încă aproximativ 20 de minute.
- Lăsați să stea cel puțin 5 minute pentru a finaliza procesul de gătire.
- Se amestecă rucola cu oțetul și cu 1 lingură de ulei rămasă și se aranjează deasupra fiecărui burger.
- Se presară cu ceapa rămasă și se servește.

71. Chirintele pecan-linte

INGREDIENTE:
- 1 1/2 cani de linte maro fiarta
- 1/2 cană nuci pecan măcinate
- 1/2 cană de ovăz de modă veche
- panko uscat neasezonat
- 1/4 cană făină de gluten de grâu
- 1/2 cană ceapă tocată
- 1/4 cană pătrunjel proaspăt tocat
- 1 lingurita mustar de Dijon
- 1/2 linguriță sare
- 1/8 linguriță piper proaspăt măcinat
- 2 linguri ulei de masline
- Frunze de salată verde, roșii feliate, ceapă roșie feliată și condimente la alegere

INSTRUCȚIUNI:
- Într-un robot de bucătărie, combinați lintea, nucile pecan, ovăzul, panko , făina, ceapa, pătrunjelul, muștarul, sarea și piperul.
- Pulsați pentru a combina, lăsând puțină textură.
- Modelați amestecul de linte în 4 până la 6 burgeri.
- Într-o tigaie, încălziți uleiul supraîncălzit.
- Adăugați burgerii și gătiți până când devin aurii, aproximativ 5 minute pe fiecare parte.
- Servește burgerii cu salată verde, felii de roșii, ceapă și condimente la alegere.

72. Burgeri de fasole neagră

INGREDIENTE:

- 3 linguri ulei de masline
- 1/2 cană ceapă tocată
- 1 cățel de usturoi, tocat
- 1 1/2 cani de fasole neagra
- 1 lingura patrunjel proaspat tocat
- panko uscat neasezonat
- 1/4 cană făină de gluten de grâu
- 1 lingurita boia afumata
- 1/2 linguriță de cimbru uscat
- Sare și piper negru proaspăt măcinat
- 4 frunze de salata verde
- 1 roșie coaptă, tăiată în felii de 1/4 inch

INSTRUCȚIUNI:

- Într-o tigaie, încălziți 1 lingură de ulei și supraîncălziți. Adăugați ceapa și usturoiul și gătiți până se înmoaie, aproximativ 5 minute.
- Transferați amestecul de ceapă într-un robot de bucătărie. Adăugați fasolea, pătrunjelul, panko , făina, boia de ardei, cimbru și sare și piper după gust. Procesați până se combină bine, lăsând puțină textură. Se modelează amestecul în 4 chifle egale și se dă la frigider pentru 20 de minute.
- Într-o tigaie, încălziți restul de 2 linguri de ulei supraîncălzit. Adăugați burgerii și gătiți până se rumenesc pe ambele părți, întorcându-le o dată, aproximativ 5 minute pe fiecare parte.
- Serviți burgerii cu salată verde și felii de roșii.

73. Paste de ovăz și legume

INGREDIENTE:
- 2 linguri plus 1 lingurita ulei de masline
- 1 ceapa, tocata
- 1 morcov, ras
- 1 cană amestec de nuci nesărate
- 1/4 cană făină de gluten de grâu
- 1/2 cană de ovăz de modă veche, plus mai mult dacă este nevoie
- 2 linguri de unt de arahide cremos
- 2 linguri pătrunjel proaspăt tocat
- 1/2 linguriță sare
- 1/4 linguriță piper negru proaspăt măcinat
- 4 frunze de salata verde
- 1 roșie coaptă, tăiată în felii de 1/4 inch

INSTRUCȚIUNI:
- Într-o tigaie, încălziți 1 linguriță de ulei supraîncălzit. Adăugați ceapa și gătiți până se înmoaie, aproximativ 5 minute. Se amestecă morcovul și se pune deoparte.
- Intr-un robot de bucatarie, preseaza nucile pana se toaca.
- Adăugați amestecul de ceapă-morcov împreună cu făina, ovăz, unt de arahide, pătrunjel, sare și piper. Procesați până se omogenizează bine.
- Modelați amestecul în 4 chifle egale, de aproximativ 4 inci în diametru.
- Într-o tigaie, încălziți restul de 2 linguri de ulei la foc, adăugați burgerii și gătiți până se rumenesc pe ambele părți, aproximativ 5 minute pe fiecare parte.
- Serviți burgerii cu salată verde și felii de roșii.

74. Chirintele cu fasole albă și nucă

INGREDIENTE:
- 1/4 cană ceapă tăiată cubulețe
- 1 cățel de usturoi, zdrobit
- 1 cană bucăți de nucă
- 1 cană de fasole albă conservată sau fiartă
- 1 cană făină de gluten de grâu
- 2 linguri patrunjel proaspat tocat
- 1 lingura sos de soia
- 1 linguriță de muștar de Dijon, plus mai mult de servit
- 1/2 linguriță sare
- 1/2 linguriță de salvie măcinată
- 1/2 linguriță boia dulce
- 1/4 linguriță de turmeric
- 1/4 linguriță piper negru proaspăt măcinat
- 2 linguri ulei de masline
- Frunze de salata verde si rosii feliate

INSTRUCȚIUNI:
- Într-un robot de bucătărie, combinați ceapa, usturoiul și nucile și procesați până se măcina fin.
- Gătiți fasolea într-o tigaie la căldură, amestecând, timp de 1 până la 2 minute pentru a se evapora orice umiditate.
- Adăugați fasolea în robotul de bucătărie împreună cu făina, pătrunjelul, sosul de soia, muștarul, sare, salvie, boia de ardei, turmeric și piper.
- Procesați până se omogenizează bine. Modelați amestecul în 4 chiftelute egale.
- Într-o tigaie, încălziți uleiul supraîncălzit.
- Adăugați chiftelele și gătiți până se rumenesc pe ambele părți, aproximativ 5 minute pe fiecare parte.
- Se serveste cu salata verde si rosii feliate.

75. burgeri de fasole Garbanzo

INGREDIENTE:

- 2 cesti piure de fasole garbanzo
- 1 fiecare tulpină de țelină, tocată mărunt
- 1 morcov fiecare, tocat mărunt
- ¼ ceapă, tocată
- ¼ cană făină integrală
- Sare si piper dupa gust
- 2 lingurite Ulei

INSTRUCȚIUNI:

- Amestecați ingredientele (cu excepția uleiului) într-un bol. Formați 6 chiftele plate.
- Se prăjește într-o tigaie unsă cu ulei la foc mediu-mare până când burgerii sunt aurii pe fiecare parte.

76. Bulgur Chicvetă de linte

INGREDIENTE:

- 2 căni de linte fiartă
- 1 cană ciuperci Portobello afumate,
- 1 cană de grâu bulgur
- 2 catei de usturoi prajiti,
- 1 lingură Worcestershire
- 2 linguri ulei de nuci
- $\frac{1}{4}$ linguriță Tarhon, tocat
- Sare si piper dupa gust

INSTRUCȚIUNI:

- Pregătiți un grătar cu lemne sau cărbune și lăsați-l să ardă până la jar.
- Într-un bol de amestecare, pasează lintea până se omogenizează.
- Adăugați toate ingredientele și amestecați până se omogenizează bine.
- Se da la frigider pentru cel putin 2 ore. Se formează burgeri.
- Ungeți burgerii cu ulei de măsline și grătarul timp de 6 minute pe fiecare parte sau până când sunt gata.
- Serviți fierbinte cu condimentele preferate.

77. Chirtăriță de tofu cu ciuperci

INGREDIENTE:
- ½ cană de ovăz
- 1¼ cani migdale tocate grosier
- 1 lingură ulei de măsline sau canola
- ½ cană ceapă verde tocată
- 2 lingurite usturoi tocat
- 1½ cani Cremini tocat
- ½ cană basmati maro fiert
- ⅓ cană brânză cheddar vegană
- ⅔ cană tofu ferm piure
- 1 înlocuitor de ouă vegan
- 3 linguri patrunjel tocat
- ½ cană panko uscat
- 6 felii de mozzarella proaspata, daca doriti

INSTRUCȚIUNI:
- Încinge uleiul într-o tigaie și căliți ceapa, usturoiul și ciupercile până se înmoaie.
- Adaugati ovazul si continuati sa gatiti inca 2 minute, amestecand continuu.
- Combinați amestecul de ceapă cu orezul, brânza vegană, tofu și înlocuitorul de ouă vegan.
- Pătrunjelul, panko și migdalele și amestecați pentru a se combina. Se asezoneaza dupa gust cu sare si piper.
- Se dau forma in 6 chifte si se calesc sau se prajesc pana devin aurii si crocante la exterior.
- Acoperiți cu o felie de mozzarella proaspătă și salsa proaspătă.

78. Chiftă de linte, mazăre și morcovi

INGREDIENTE:
- ½ ceapă tocată
- ½ cană de linte verde gătită
- ⅓ cană mazăre fiartă
- 1 morcov ras
- 1 lingură pătrunjel proaspăt tocat
- 1 lingurita Tamari
- 2 căni de panko
- ¼ cană făină
- 1 înlocuitor de ouă vegan

INSTRUCȚIUNI:
- Se caleste ceapa pana se inmoaie. Se amesteca toate ingredientele cu exceptia faina si se lasa sa se raceasca. Formeaza amestecul in chiftelute si se rumenesc intr-o tigaie.
- Lintea verde durează aproximativ o oră să se gătească de la uscat, dar se îngheață bine, așa că faceți o grămadă mare dintr-o dată.

79. Chirtărite rapide de legume

INGREDIENTE:
- 10 uncii Legume, amestecate, congelate
- 1 înlocuitor de ouă vegan
- praf de sare si piper
- ½ ceasca de ciuperci, proaspete, tocate
- ½ cană panko
- 1 ceapă, feliată

INSTRUCȚIUNI:
- Preîncălziți cuptorul la 350 de grade.
- Se fierbe legumele la abur până sunt fragede
- Lăsați deoparte este mișto.
- Tocați fin legumele la abur și amestecați-le cu ou vegan, sare, piper, ciuperci și panko .
- Formați amestecul în chiftelute.
- Pune chiftelutele, acoperite cu felii de ceapă, pe o tavă de copt unsă ușor cu ulei.
- Coaceți, întorcând o dată, până când se rumenește și devine crocant pe ambele părți, aproximativ 45 de minute.

80. Pastel de legume Tex-Mex

INGREDIENTE:
- 15¼ uncii Porumb din sâmburi întregi la conserva
- ½ cană lichid rezervat
- ½ cană făină de porumb
- ½ cană ceapă, tocată mărunt
- ⅓ cană ardei gras roşu, tocat mărunt
- ½ linguriţa coaja de lime, rasa
- ¼ cană orez alb fiert
- 3 linguri coriandru proaspăt, tocat
- 4 linguriţe de ardei Jalapeno
- ½ linguriţă de chimen măcinat
- 4 tortilla fără grăsime, de 9 până la 10 inci
- 8 linguri de smantana usoara
- 8 linguri Salsa achiziţionată

INSTRUCŢIUNI:
- Amestecaţi ½ cană de boabe de porumb şi 1 lingură de făină de porumb într-un procesor până se formează aglomerări umede. Adăugaţi ¾ de cană boabe de porumb şi procesaţi timp de 10 secunde
- Transferaţi amestecul de porumb într-o cratiţă grea antiaderentă. Adăugaţi ½ cană lichid de porumb, ceapă, ardei gras şi coajă de lămâie. Acoperiţi şi gătiţi la foc foarte mic până când se îngroaşă şi ferm, amestecând des, timp de 12 minute. Amestecaţi orezul, coriandru, jalapeño, sare şi chimen. Puneţi ¼ din amestec pe fiecare dintre cele 4 bucăţi de folie şi apăsaţi bucăţile în chifteluţe groase de ¾ inch.
- Pregătiţi grătarul. Pulverizaţi ambele părţi ale burgerilor cu spray antiaderent şi grătaţi până devin crocante, aproximativ 5 minute pe fiecare parte. Prăjiţi

tortillas până când sunt flexibile, aproximativ 30 de secunde pe fiecare parte

1.Chirtărite de fasole cu legume

INGREDIENTE:
- 2 uncii de fasole amestecată gătită
- 1 ceapa, tocata marunt
- 1 morcov, ras fin
- 1 lingurita extract vegetal
- 1 lingurita ierburi uscate amestecate
- 1 uncie panko de masă întreagă

INSTRUCȚIUNI:
- Amesteca toate ingredientele intr-un robot de bucatarie sau blender pana aproape de omogenizare.
- Modelați în 4 burgeri groși și răciți bine.
- Ungeți cu ulei și grătar sau grătar timp de aproximativ 15 minute, întorcându-le o dată sau de două ori.
- Se servesc in baps de susan cu gust, salata si cartofi prajiti uriasi!

2. Ovăz cu ceapă chiftele

INGREDIENTE:

- 4 căni de apă
- ½ cană sos de soia cu conținut scăzut de sare
- ½ cană drojdie nutritivă
- 1 ceapa taiata cubulete
- 1 lingura Oregano
- ½ lingură pudră de usturoi
- 1 lingura busuioc uscat
- 4½ căni de ovăz laminat de modă veche

INSTRUCȚIUNI:

- Aduceți toate ingredientele cu excepția ovăzului la fiert.
- Dați focul la mic și adăugați 4½ căni de ovăz rulat.
- Gatiti aproximativ 5 minute pana se absoarbe apa.
- Umpleți o tavă dreptunghiulară antiaderentă cu amestecul
- Coaceți la 350 F. timp de 25 de minute. Apoi tăiați burgerul gigant în burgeri pătrați de 4" și răsturnați-i.
- Gatiti inca 20 de minute.
- Se serveste ca fel principal, cald sau rece.

3. Pastă cu ciuperci sălbatice

INGREDIENTE:

- 2 lingurite ulei de masline
- 1 ceapa galbena, tocata fin
- 2 eșalope, curățate și tocate
- $\frac{1}{8}$ linguriță de sare
- 1 cană ciuperci shiitake uscate
- 2 căni Ciuperci Portobello
- 1 pachet de Tofu
- $\frac{1}{3}$ cană germeni de grâu prăjiți
- $\frac{1}{3}$ cană panko
- 2 linguri sos de soia Lite
- 2 linguri sos Worcestershire
- 1 lingurita aroma lichida de fum
- $\frac{1}{2}$ linguriță de usturoi granulat
- $\frac{3}{4}$ cană de ovăz pentru gătit rapid

INSTRUCȚIUNI:

- Căleți ceapa, șota și sare în ulei de măsline timp de aproximativ 5 minute.
- Tulpina ciupercilor shiitake înmuiate și tocați-le cu ciuperci proaspete într-un robot de bucătărie. Adăugați la ceapă.
- Gatiti 10 minute, amestecand din cand in cand pentru a nu se lipi.
- Se amestecă ciupercile cu tofu piure, se adaugă ingredientele rămase și se amestecă bine.
- Udați mâinile pentru a preveni lipirea și formarea în chiftelute.
- Coaceți timp de 25 de minute, întorcându-le o dată după 15 minute.

4. Chirtărițe de legume cu tofu Tahini

INGREDIENTE:
- 1 kilogram tofu ferm, scurs
- 1½ cani de fulgi de ovaz crud
- ½ cană morcovi rasi
- 1 ceapa tocata tocata
- 1 lingura Tahini, mai mult sau mai putin
- 2 linguri sos Worcestershire
- 1 lingura sos de soia

INSTRUCȚIUNI:
- Adăugați un amestec de condimente și ierburi selectate.
- Formați chiftelute pe foi de copt.
- Coaceți la 350 pentru 20 de minute, întoarceți-le și coaceți încă 10 minute.

5.Grătar cu fasole neagră și arahide

INGREDIENTE:

- 1 cană granule TVP
- 1 cană de apă
- 1 lingura sos de soia
- Cutie de 15 uncii de fasole neagră
- ½ cană de făină vitală de gluten de grâu
- ¼ cană sos grătar
- 1 lingura de fum lichid
- ½ lingurita piper negru
- 2 linguri de unt de arahide

INSTRUCȚIUNI:

- Reconstituiți TVP-ul amestecându-l cu apa și sosul de soia într-un vas sigur pentru cuptorul cu microunde, acoperindu-l strâns cu folie de plastic și dându-l la microunde timp de 5 minute.
- Adăugați fasolea, glutenul de grâu, sosul de grătar, fumul lichid, piperul și untul de arahide în TVP reconstituit, odată ce este suficient de rece pentru a fi manipulat.
- Puneți-l împreună cu mâinile până când devine omogen și majoritatea boabelor sunt piureate.
- Formați în 6 chiftelute.
- Prăjiți acești bebeluși pe grătar, periând cu sosul de grătar suplimentar pe măsură ce mergeți, aproximativ 5 minute pe parte.

6. Chirtărițe de orz, ovăz și țelină

INGREDIENTE:

- 1 cană de fasole conservată
- ¾ cană Bulgur, fiert
- ¾ cană de orz, fiert
- ½ cană fulgi de ovăz rapid, nefierți
- 1½ linguri Sos de soia
- 2 linguri sos gratar
- 1 lingurita busuioc uscat
- ½ cană ceapă, tocată mărunt
- 1 cățel de usturoi, tocat mărunt
- 1 tulpină de țelină, tocată
- 1 lingurita Sare
- Piper dupa gust

INSTRUCȚIUNI:

- Cu o furculiță sau un zdrobitor de cartofi, piureați fasolea puțin. Ele ar trebui să fie groase, nu piureate. Adăugați restul ingredientelor și formați 6 chifle.
- Pulverizați tigaia cu ulei și chiftelute maro pe ambele părți.

7. Tempeh și chiftelute cu ceapă

INGREDIENTE:
- 8 uncii tempeh, tăiat în cubulețe de 1/2 inch
- ¾ cană ceapă tocată
- 2 catei de usturoi, tocati
- ¾ cana nuci tocate
- 1/2 cană de ovăz de modă veche sau de gătit rapid
- 1 lingura patrunjel proaspat tocat
- 1/2 linguriță de oregano uscat
- 1/2 linguriță de cimbru uscat
- 1/2 linguriță sare
- 1/4 linguriță piper negru proaspăt măcinat
- 3 linguri ulei de masline
- mustar Dijon
- Ceapă roșie feliată, roșii, salată verde și avocado

INSTRUCȚIUNI:
- Într-o cratiță cu apă clocotită, gătiți tempeh timp de 30 de minute. Se scurge si se da deoparte la racit.
- Într-un robot de bucătărie, combinați ceapa și usturoiul și procesați până se toacă. Adăugați tempehul răcit, nucile, ovăzul, pătrunjelul, oregano, cimbru, sare și piper. Procesați până se omogenizează bine. Modelați amestecul în 4 chiftelute egale.
- Într-o tigaie, încălziți uleiul supraîncălzit. Adăugați burgerii și gătiți până când sunt fierți și rumeniți pe ambele părți, aproximativ 7 minute pe fiecare parte.
- Asamblați burgeri cu un strop de muștar și cu salată verde, roșii, ceapă roșie și avocado.

8. Chirintele amestecate de fasole și ovăz

INGREDIENTE:

- 1 lingura ulei de masline
- 1 ceapa, tocata
- 4 catei de usturoi, tocati
- 1 morcov, tocat
- 1 lingurita chimen macinat
- 1 lingurita pudra de chili
- Piper dupa gust
- 15 *uncii* de fasole pinto, clătită, scursă și pasată
- 15 *uncii* de fasole neagră, clătită, scursă de apă și piure
- 1 lingura ketchup
- 2 linguri muștar de Dijon
- 2 linguri sos de soia
- 1 ½ cană de ovăz
- ½ cană salsa
- 8 frunze de salata verde

INSTRUCȚIUNI:

- Adauga uleiul de masline intr-o tigaie la foc.
- Gatiti ceapa timp de 2 minute, amestecand des.
- Se amestecă usturoiul. Apoi, gătiți timp de 1 minut.
- Adăugați morcovul, chimenul măcinat și pudra de chili.
- Gatiti amestecand timp de 2 minute.
- Transferați amestecul de morcovi într-un bol.
- Se amestecă fasolea piure, ketchup-ul, muștarul, sosul de soia și ovăzul.
- Modelați în chiftelute.
- Prăjiți chiftele la grătar timp de 4 până la 5 minute pe fiecare parte.
- Se serveste cu salsa si salata verde.

9. Tempeh și chiftelute cu nucă

INGREDIENTE:

- 8 uncii tempeh, tăiat în cubulețe de 1/2 inch
- ¾ cană ceapă tocată
- 2 catei de usturoi, tocati
- ¾ cana nuci tocate
- 1/2 cană de ovăz de modă veche sau de gătit rapid
- 1 lingura patrunjel proaspat tocat
- 1/2 linguriță de oregano uscat
- 1/2 linguriță de cimbru uscat
- 1/2 linguriță sare
- 1/4 linguriță piper negru proaspăt măcinat
- 3 linguri ulei de masline
- mustar Dijon
- Ceapă roșie feliată, roșii, salată verde și avocado

INSTRUCȚIUNI:

- Într-o cratiță cu apă clocotită, gătiți tempeh timp de 30 de minute. Se scurge si se da deoparte la racit.
- Într-un robot de bucătărie, combinați ceapa și usturoiul și procesați până se toacă. Adăugați tempehul răcit, nucile, ovăzul, pătrunjelul, oregano, cimbru, sare și piper. Procesați până se omogenizează bine. Modelați amestecul în 4 chiftelușe egale.
- Într-o tigaie, încălziți uleiul supraîncălzit. Adăugați burgerii și gătiți până când sunt fierți și rumeniți pe ambele părți, aproximativ 7 minute pe fiecare parte.
- Asamblați burgeri cu o ungere de muștar și acoperiți cu salată verde, roșii, ceapă roșie și avocado.

Paste de Macadamia-Caju

INGREDIENTE:

- 1 cană nuci de macadamia tocate
- 1 cană caju tocate
- 1 morcov, ras
- 1 ceapa, tocata
- 1 cățel de usturoi, tocat
- 1 jalapeño sau alt ardei iute verde, fără semințe și tocat
- 1 cană de ovăz de modă veche
- 1 cană făină uscată de migdale, necondimentată
- 2 linguri coriandru proaspăt tocat
- 1/2 lingurita coriandru macinat
- Sare și piper negru proaspăt măcinat
- 2 lingurite suc proaspat de lamaie
- Ulei de canola sau sâmburi de struguri, pentru prăjit
- Frunze de salata verde si condiment la alegere

INSTRUCȚIUNI:

- Într-un robot de bucătărie, combinați nucile de macadamia, caju, morcovul, ceapa, usturoiul, ardeiul, ovăzul, făina de migdale, coriandru, coriandru și sare și piper după gust.
- Procesați până se amestecă bine. Adăugați sucul de lămâie și procesați până se omogenizează bine. Gustați, ajustând condimentele dacă este necesar. Modelați amestecul în 4 chiftelute egale.
- Într-o tigaie, încălziți un strat subțire de ulei supraîncălzit. Adăugați chiftelele și gătiți până se rumenesc pe ambele părți, întorcându-le o dată aproximativ 10 minute în total.
- Serviți cu salată verde și condimente la alegere.

91. Burgeri de naut auriu

INGREDIENTE:

- 2 linguri ulei de masline
- 1 ceapa galbena, tocata
- 1/2 ardei gras galben, tocat
- 1 1/2 căni de năut fiert
- ¾ lingurita sare
- 1/4 linguriță piper negru proaspăt măcinat
- 1/4 cană făină de gluten de grâu
- Condimente la alegere

INSTRUCȚIUNI:

- Într-o tigaie, încălziți 1 lingură de ulei și supraîncălziți. Adăugați ceapa și ardeiul și gătiți până se înmoaie, aproximativ 5 minute. Se lasa deoparte sa se raceasca putin.
- Transferați amestecul de ceapă răcit într-un robot de bucătărie. Adăugați năutul, sarea și piperul negru și amestecați. Adăugați făina și procesați pentru a se combina.
- Modelați amestecul în 4 burgeri, de aproximativ 4 inci în diametru. Dacă amestecul este prea slab, adăugați puțină făină.
- Într-o tigaie, încălziți restul de 2 linguri de ulei supraîncălzit. Adăugați burgerii și gătiți până când se rumenesc pe ambele părți, întorcându-le o dată, aproximativ 5 minute pe fiecare parte.
- Servește burgerii cu condimentele la alegere.

2. Chirtoase cu naut cu curry

INGREDIENTE:

- 3 linguri ulei de masline
- 1 ceapa, tocata
- 1 1/2 lingurițe pudră de curry fierbinte sau blândă
- 1/2 linguriță sare
- 1/8 linguriță cayenne măcinate
- 1 cană năut fiert
- 1 lingura patrunjel proaspat tocat
- 1/2 cană făină de gluten de grâu
- 1/3 cană făină uscată de migdale, necondimentată
- Frunze de salata verde
- 1 roșie coaptă, tăiată în felii de 1/4 inch

INSTRUCȚIUNI:

- Într-o tigaie, încălziți 1 lingură de ulei și supraîncălziți. Adăugați ceapa, acoperiți și gătiți până se înmoaie, 5 minute. Se amestecă 1 linguriță de pudră de curry, sare și cayenne și se ia de pe foc. Pus deoparte.
- Într-un robot de bucătărie, combinați năutul, pătrunjelul, făina de gluten de grâu, făina de migdale și ceapa fiartă. Procesul de combinare, lăsând ceva textura.
- Formați amestecul de năut în 4 chifle egale și lăsați deoparte.
- Într-o tigaie, încălziți restul de 2 linguri de ulei supraîncălzit. Adăugați chiftele, acoperiți și gătiți până când devin aurii pe ambele părți, întorcându-le o dată, aproximativ 5 minute pe fiecare parte.
- Într-un castron, combinați 1/2 linguriță de pudră de curry rămasă cu maioneza, amestecând se amestecă.
- Serviți burgerul cu salată verde și felii de roșii.

3.Chirintele de fasole Pinto cu Mayo

INGREDIENTE:
- 11/2 cani de fasole pinto fiartă
- 1 șalotă, tocată
- 1 cățel de usturoi, tocat
- 2 linguri coriandru proaspăt tocat
- 1 lingurita condimente creole
- 1/4 cană făină de gluten de grâu
- Sare și piper negru proaspăt măcinat
- 1/2 cană făină uscată de migdale, necondimentată
- 2 lingurite suc proaspat de lamaie
- 1 ardei iute serrano, fără semințe și tocat
- 2 linguri ulei de masline
- Salată verde mărunțită
- 1 roșie, tăiată în felii de 1/4 inch

INSTRUCȚIUNI:
- Ștergeți fasolea cu prosoape de hârtie pentru a absorbi excesul de umiditate. Într-un robot de bucătărie, combinați fasolea, eșalota, usturoiul, coriandru, condimentele creole, făina și sare și piper după gust. Procesați până se omogenizează bine.
- Modelați amestecul în 4 chifteluțe egale, adăugând mai multă făină dacă este necesar. Pasti chiftelele in faina de migdale. Se da la frigider pentru 20 de minute.
- Într-un castron, combinați maioneza, sucul de lămâie și chile serrano. Se condimenteaza cu sare si piper dupa gust, se amesteca bine si se da la frigider pana este gata de servire.
- Într-o tigaie, încălziți uleiul supraîncălzit. Adăugați chiftelele și gătiți până se rumenesc și devin crocante pe ambele părți, aproximativ 5 minute pe fiecare parte.

- Serviți chiftelele cu salată verde și roșii.

94.burger de orez de linte cu

INGREDIENTE:
- ¾ cană Linte
- 1 Cartofi dulci
- 10 Frunze proaspete de spanac
- 1 cană Ciuperci proaspete, tocate
- ¾ cană faina de migdale
- 1 lingura Tarhon
- 1 lingura Praf de usturoi
- 1 lingura Patrunjel maruntit
- ¾ cană Orez cu bob lung

INSTRUCȚIUNI:
- Gatiti orezul pana cand este fiert si usor lipicios si lintea pana se inmoaie. Se răcește ușor.
- Tocați mărunt un cartof dulce care a fost curățat și fierbeți până când se înmoaie. Se răcește ușor.
- Frunzele de spanac trebuie clătite și mărunțite fin.
- Amestecă toate ingredientele și condimentele, adăugând sare și piper după gust.
- Se da la frigider 15-30 min.
- Se formează chiftelute și se călesc într-o tigaie sau se poate face pe un grătar de legume pe un grătar în aer liber.
- Asigurați-vă că ungeți sau pulverizați o tigaie cu Pam, deoarece acești burgeri vor tinde să se lipească.

95. Shiitake și Oats Patty

INGREDIENTE:

- 8 uncii de ovăz
- 4 uncii de brânză mozzarella vegană
- 3 uncii de ciuperci Shiitake tăiate cubulețe
- 3 uncii de ceapă albă tăiată cubulețe
- 2 catei de usturoi tocati
- 2 uncii de ardei roșu tăiat cubulețe
- 2 uncii zaruri de dovlecel

INSTRUCȚIUNI:

- Combinați toate ingredientele într-un robot de bucătărie.
- Apăsați comutatorul de pornire/oprire pentru a combina aproximativ ingredientele.
- Nu amestecați în exces. Amestecarea finală se poate face manual. Formați chiftelute de patru uncii.
- Intr-o tigaie adauga o cantitate de ulei de masline.
- Cand tigaia este fierbinte adaugam chiftelul.
- Gatiti un minut pe fiecare parte.

96.ovaz . Într- o chiflă de ou și mozzarella

INGREDIENTE:

- ½ cană ceapă verde, tocată
- ¼ cană ardei verde, tocat
- ¼ cană pătrunjel, tocat
- ¼ lingurita piper alb
- 2 catei de usturoi, taiati cubulete
- ½ cană brânză Mozzarella vegană, rasă
- ¾ cană de orez brun
- ⅓ cană apă sau vin alb
- ½ cană Morcov, mărunțit
- ⅔ cană ceapă, tocată
- 3 tulpini de telina, tocate
- 1¼ linguriță sare de condiment
- ¾ linguriță de cimbru
- ½ cană brânză Cheddar vegană, rasă
- 2 căni de ovăz rapid
- ¾ cană de grâu bulgur

INSTRUCȚIUNI:

- Gatiti orezul si grau bulgur.
- Se fierbe legumele timp de 3 minute într-o tigaie acoperită, amestecând o dată sau de două ori.
- Scurgeti bine si amestecati cu orezul si branza pana cand branza se topeste usor.
- Se amestecă ingredientele rămase.
- Modelați în chifteluțe de 4 uncii.
- Gatiti aproximativ 10 minute fiecare pe un gratar, folosind spray de gatit.
- Serviți ca fel de mâncare principală.

97. chiftelute cu nuci și legume

INGREDIENTE:
- ½ ceapă roșie
- 1 coastă de țelină
- 1 morcov
- ½ ardei gras rosu
- 1 cană nuci, prăjite, măcinate
- ½ cană panko
- ½ cană paste orzo
- 2 înlocuitori de ouă vegani
- Sare si piper
- Felii de avocado
- Ceapă roșie felii
- Catsup
- Muștar

INSTRUCȚIUNI:
- Puneți ceapa țelină, morcovii și ardeiul gras roșu în ulei până se înmoaie
- Adăugați usturoi, nuci, pesmet și orez. Formați în chiftelute.
- Se prajesc in ulei pana devin aurii.
- Asamblați pe un bol.

98. Burgeri marocani cu Yam Veggie

INGREDIENTE:

- 1,5 cani de igname ras
- 2 catei de usturoi, curatati de coaja
- ¾ cană frunze de coriandru proaspăt
- 1 bucată de ghimbir proaspăt, decojit
- Cutie de năut de 15 uncii, scursă și clătită
- 2 linguri de in macinat amestecat cu 3 linguri de apa
- ¾ cană de ovăz rulat, măcinat într-o făină
- ½ lingură ulei de susan
- 1 lingură aminoacizi de cocos sau tamari cu conținut scăzut de sodiu
- ½-¾ linguriță sare de mare cu bob fin sau sare roz de Himalaya, după gust
- Piper negru proaspăt măcinat, după gust
- 1 ½ linguriță pudră de chili
- 1 lingurita chimen
- ½ lingurita coriandru
- ¼ linguriță de scorțișoară
- ¼ linguriță de turmeric
- ½ cană sos tahini cilantro-lim

INSTRUCȚIUNI:

- Preîncălziți cuptorul la 350F. Tapetați o foaie de copt cu o bucată de hârtie de copt.
- Curățați ignama. Folosind gaura de mărime obișnuită a grătarului, rade igname până când ai 1 ½ cani ușor împachetate. Puneți într-un bol.
- Scoateți accesoriul pentru răzătoare din robotul de bucătărie și adăugați lama obișnuită „s". Tocați usturoiul, coriandrul și ghimbirul până se toacă mărunt.

- Adăugați năutul scurs și procesați din nou până se toacă mărunt, dar lăsați puțină textură. Scoateți acest amestec într-un bol.
- Într-un castron, amestecați amestecul de in și apă.
- Măcinați ovăzul în făină folosind un blender sau un robot de bucătărie. Sau puteți folosi ¾ de cană + 1 lingură de făină de ovăz premăcinată. Se amestecă acest lucru în amestec împreună cu amestecul de in.
- Acum amestecați uleiul, aminoacizii/tamarii, sare/piperul și condimentele până se combină bine. Ajustați după gust dacă doriți.
- Se modelează 6-8 chifle, împachetând bine amestecul. Așezați pe o foaie de copt.
- Coaceți timp de 15 minute, apoi întoarceți cu atenție și coaceți încă 18-23 de minute până când devin aurii și fermi. Cool pe dl.

9. Burger de linte, fistic și shiitake

INGREDIENTE:
PENTRU BURGERI
- 3 salote, taiate cubulete
- 2 lingurite ulei de masline
- $\frac{1}{2}$ cană linte neagră, clătită
- 6 capace de ciuperci shiitake uscate
- $\frac{1}{2}$ cană fistic
- $\frac{1}{4}$ cană pătrunjel proaspăt, tocat
- $\frac{1}{4}$ cană gluten de grâu vital
- 1 lingură Ener-G, amestecată cu $\frac{1}{8}$ cană de apă
- 2 lingurite de salvie frecata uscata
- $\frac{1}{2}$ lingurita sare
- $\frac{1}{4}$ lingurita de piper crapat

PENTRU CARTOI PRĂTEI
- 3 cartofi, curatati de coaja si taiati subtire
- ulei vegetal, pentru prajit
- sare

INSTRUCȚIUNI:
- Aduceți trei căni de apă la fiert. În timp ce așteptați ca apa să se încălzească, aruncați șalota tăiată cubulețe într-o tigaie separată cu ulei și căleți la foc mic.
- Când apa începe să fiarbă, adăugați lintea și capacele de shiitake uscate și puneți capacul peste oală, astfel încât să poată scăpa niște aburi în timpul gătirii. Fierbeți 18-20 de minute, apoi turnați-le într-o strecurătoare cu ochiuri fine pentru a se scurge și a se răci. După ce s-a răcit, scoateți shiitake-ul din linte și tăiați-o cubulețe, aruncând tulpinile dure.
- Puneți fisticul într-un robot de bucătărie și măcinați-le grosier. Până în acest moment, eșalota ar trebui să fie

frumos caramelizată. Adaugati salota, lintea, capacele shiitake taiate cubulete, fisticul si patrunjelul intr-un castron si amestecati pana se omogenizeaza bine. Adăugați glutenul de grâu vital și amestecați.

• Acum adăugați amestecul apă/Energ-G și amestecați aproximativ două minute cu o furculiță puternică pentru a permite glutenului să se dezvolte. Acum adăugați salvie, sare și piper și amestecați până se omogenizează bine. Apoi puteți pune amestecul la frigider pentru câteva ore sau puteți prăji imediat burgerii.

• Pentru a prăji burgerii, modelați-le în chiftelute, strângând ușor amestecul pe măsură ce îl modelați. Se prăjește într-o tigaie cu puțin ulei de măsline timp de 2-3 minute pe fiecare parte, sau până se rumenește ușor.

• Pentru a face cartofii prăjiți, puneți câțiva centimetri de ulei vegetal într-o oală. Se încălzește la foc mare.

• Se prăjește în loturi.

• Se prăjește până devine crocant, aproximativ 4-5 minute, și se scoate din ulei cu un clește rezistent la căldură.

• Transferați pe prosoape de hârtie pentru a se scurge și stropiți imediat cu puțină sare.

100. Burgeri vegani cu conținut ridicat de proteine

INGREDIENTE:
- 1 cană proteină vegetală texturată
- ½ cană de fasole roșie gătită
- 3 linguri ulei
- 1 lingura sirop de artar
- 2 linguri pasta de rosii
- 1 lingura sos de soia
- 1 lingura drojdie nutritiva
- ½ linguriță de chimen măcinat
- ¼ linguriță fiecare: boia de ardei ardei iute, pudră de usturoi, praf de ceapă, oregano
- ⅛ linguriță de fum lichid
- ¼ cană apă sau suc de sfeclă roșie
- ½ cană de gluten de grâu vital

INSTRUCȚIUNI:
- Aduceți o oală cu apă la fiert. După ce a dat în clocot, adăugați proteina vegetală texturată și lăsați să fiarbă 10-12 minute. Scurgeți TVP-ul și clătiți-l de câteva ori. Strângeți TVP cu mâinile pentru a elimina excesul de umiditate.
- În bolul unui robot de bucătărie, adăugați fasolea fiartă, uleiul, siropul de arțar, pasta de roșii, sosul de soia, drojdia nutritivă, condimentele, fumul lichid și apă. Procesați timp de 10-20 de secunde, răzuind părțile laterale, dacă este necesar, și procesați din nou până se formează un piure. Nu trebuie să fie complet neted.
- Adăugați TVP-ul rehidratat și procesați timp de 7-10 secunde, sau până când TVP-ul este tocat foarte fin, amestecul trebuie să arate ca sosul bolognese. Nu vrei să

ai bucăți mari de TVP, altfel burgerii nu se vor ține bine împreună.
- Transferați amestecul într-un bol de amestecare și adăugați glutenul de grâu vital. Se amestecă mai întâi folosind un lemn, apoi se frământă cu mâinile timp de 2-3 minute pentru a dezvolta glutenul. Amestecul trebuie să fie moale și să aibă o ușoară elasticitate.
- Împărțiți amestecul în 3 și formați chiftelute. Înfășurați cu grijă fiecare burger în hârtie de copt și apoi în folie de aluminiu.
- Pune burgerii împachetați într-o oală sub presiune (i poți stivui) și fierbeți sub presiune timp de 1 oră și 20 de minute. Puteți folosi o oală sub presiune de plită sau o oală instant.
- Odată gătiți, desfaceți burgerii și lăsați-i să se răcească timp de 10 minute. Acum puteți prăji burgerii în puțin ulei până se rumenesc pe fiecare parte.
- Burgerii se vor păstra până la 4 zile la frigider. Se vor întări puțin la frigider dar se vor înmuia odată încălzite.

CONCLUZIE

Pe măsură ce ajungem la sfârșitul acestei călătorii delicioase, sperăm că „From Garden to Plate: The Vegetable Meatballs Cookbook" te-a inspirat să îmbrățișezi aromele și texturile chiftelelor de legume în propria ta bucătărie. Chiftele de legume oferă o alternativă hrănitoare și creativă la chiftelele tradiționale și vă încurajăm să continuați să explorați și să experimentați cu acest fel de mâncare versatil.

Cu rețetele și tehnicile împărtășite în această carte de bucate, sperăm că ați câștigat încrederea și inspirația pentru a crea chiftelute de legume care sunt atât delicioase, cât și hrănitoare. Fie că le savurezi ca fel principal, dacă le adaugi la feluri de mâncare cu paste sau le încorporezi în sandvișuri sau wrap-uri, fiecare mușcătură îți poate aduce satisfacția unei mese sănătoase și aromate.

Așadar, în timp ce porniți în propriile aventuri de chiftele cu legume, lăsați „De la grădină la farfurie" să fie partenerul vostru de încredere, oferindu-vă rețete delicioase, sfaturi utile și un sentiment de explorare culinară. Îmbrățișați creativitatea, aromele și hrana pe care le oferă chiftelele de legume și lăsați fiecare fel de mâncare pe care o creați să devină o sărbătoare a lumii vibrante a ingredientelor pe bază de plante.

Fie ca bucătăria să fie plină de aromele îmbietoare ale chiftelelor de legume coapte sau prăjite, sunetul bunătății sfârâitoare și bucuria de a vă hrăni corpul cu mâncăruri sănătoase și delicioase pe bază de plante. Gătit fericit și chiftelele tale de legume să aducă satisfacție și încântare la masa ta!